A. W. Schreiber

Gebetbuch des Königs von Preußen

A. W. Schreiber

Gebetbuch des Königs von Preußen

ISBN/EAN: 9783743395855

Hergestellt in Europa, USA, Kanada, Australien, Japan

Cover: Foto ©Lupo / pixelio.de

Weitere Bücher finden Sie auf **www.hansebooks.com**

Gebetbuch
des
Königs von Preussen

———

Auch eine Feuerflocke Wahrheit nur,
In eines Herrschers Rede kühn geworfen,
Wie fruchtbar in der Vorsicht Hand!
     Schiller.

Vorrede.

Diese Gebete sind, was alle Gebete seyn sollten; Betrachtungen über Dinge, die Menschenglück betreffen. Man wird es nicht für Vermessenheit halten, daß ich sie einem großen Fürsten in den Mund gelegt habe: Wer hat einen heiligern Beruf, für Menschenglück zu sorgen, als Fürsten?

Ich weiß nicht, ob alle Fürsten so denken, wie ich Einen hier denken lasse; aber das weis ich, daß diese Denkungsart keinen erniedrigen würde, und sonach braucht es auch keine Entschuldigung für den Innhalt.

Vorrede.

Wir leben, Dank sey es dem Himmel in Zeiten, wo man manche Wahrheit, die man sonst nur denken durfte, laut sagen kann: vielleicht folgen bald die Zeiten, wo sie auch in Ausübung gebracht werden.

Das allgemeine Streben und Treiben des menschlichen Geistes scheint mir so etwas zu weissagen: Gott gebe nur, daß es noch vor dem Jahr 2440 eintreffe.

Ueber meine Bestimmung.

Ewiger, du gabst das Glück von sechs Millionen Menschen in meine Hände: gieb mir auch Güte und Weisheit, damit ich ihnen sey, was du allen Wesen deiner Schöpfung bist — Vater und Erhalter!

Ich bin Mensch, wie sie: laß mich dies nie vergessen. Keiner meiner Unterthanen ist da um meinetwillen; Keiner, der blos wie die Blume, die der Gärtner pflanzt, damit sie ihm dufte, sich selbst nichts seyn dürfte, mir alles seyn müßte.

Freie Thätigkeit ist Grundgesetz in deiner Schöpfung, sie sey es auch in der meinigen. Jeder lebe sich selbst, da er dem Staate lebt, und indem ich durch weise

Geſetze Glückſeeligkeit verbreiten helfe, müſſe ich in dieſem Bewußtſeyn ſtets meine höchſte Belohnung finden.

Ich kann nicht allgegenwärtig ſeyn, wie du es biſt in deiner Schöpfung, nicht allgegenwärtig wirken, wie du! Ich muß mit fremden Augen ſehen, mit fremden Ohren hören. Hier ſchärfe meinen Blick, damit ich Wahrheit finde. Dieſes Gold kömmt ſelten rein vor die Augen der Könige: daſſelbe zu ſondern von den Schlaken, womit es Höflinge vermiſchen, iſt eine ſchwere Kunſt. Wenn auch hier und da mein Blick mich trügt, ſo ſoll es doch nie mein Herz.

Mein Leben iſt nicht mein — jede Secunde gehört meinen Unterthanen. Laß das Uhrwerk der Schöpfung einmal abgelauſen ſeyn — die Natur fällt in Todesſchlummer, die Pulſe des Lebens ſtocken. Wenn ich nicht immer fortwinde an dem Faden der Ordnung, oder wenn ich ihn zerreiße in

Augenblicken der Täuschung, dahin ist die Ruhe meiner Untergebenen, gestöhrt sind die friedlichen Verhältnisse des bürgerlichen Lebens. — Ewiger, gieb mir Kraft und Ausdauer.

Mein Leben ist nicht mein: von allen Freuden des Lebens blühn wenige für mich. Wenige Augenblicke, die Fürsten dem Vergnügen zollen, werden oft mit Thränen von Tausenden bezahlt. Hier, Vater des Weltalls, muß ich mehr als Mensch seyn! doch dafür steh' ich auch höher: dafür wachen Tausende, wenn ich schlummre; dafür beten Millionen, wenn Krankheit in meinem Blute schleicht: dafür hab' ich den Seegen von Millionen. Ich trinke mit dem Schöpfer aus einer Quelle von Seeligkeit, und dies ist eines großen Opfers werth. Wenn auch die vergänglichern Blumen des Lebens hinwelken an der Sonnengluth der Majestät, so reifen hier herrlichere Früchte, deren Genuß nur wenigen aufbewahrt ist.

Meine Bestimmung ist ernst und groß, mein Selbst muß ich vergessen: doch ich finde mich ja in dem Ganzen wieder. Ich darf selbst nicht genießen, aber andern Genuß bereiten, ist göttlicher Genuß.

Oft drücken freilich Kronen schwer: ich muß oft den Menschen verbergen, ohne ihn vergessen zu dürfen; muß oft gerecht seyn, wenn mich mein Herz zur Billigkeit auffordert: in solchen Augenblicken gieb mir Stärke.

Gieb mir Weise zu Rathgebern; Menschen zu Richtern. Entferne von mir Schmeichelei und frommen Betrug.

Mein Reichthum sey der Wohlstand meiner Bürger, und die Menschheit zu ehren, mein Stolz. Meine Belohnung — daß einst die Geschichte meiner Zeiten sage: Er hat seine Bestimmung erfüllt.

Am Sterbetage Friedrich des II.

Es ist heut ein feierlicher Tag für mich. — ein Tag, der meinen großen Oheim der Welt entrückte. Er steht in der Geschichte fast einzig da. So viel Kraft bei so viel ruhiger Weisheit, so viel Güte bei so viel Festigkeit, so viel Ausdauer bei so dringenden Gefahren und Mühseeligkeiten vereinigt die Natur nur selten, und am seltensten in einem Fürsten. Er gab seinem Lande bei dem Mangel an Ausdehnung innere Stärke, er sicherte durch Gesetze die Ruhe des Bürgers. Zwei Welttheile standen gegen ihn auf, und schwächten seinen Muth nicht. Ehrgeiz und Scheelsucht suchten seine Existenz zu vernichten, und flochten selbst die Lorbeern um sein Haupt. Schon wankte das künstliche Gebäude der Europäischen Verfassung; sein starker Arm hielt es.

Sein Weg gieng über Leichen und Blutfelder, aber das Röcheln der Sterbenden klagte ihn nicht an; er, den eignes Unglück nicht erschütterte, weinte in den Schutthaufen verbrannter Städte. Er baute dem Landmann seine Hütten wieder, gab wieder dem Pflüger seine Rosse, winkte eine neue Schöpfung hervor aus der Zerstöhrung. Freiheit war das Grundgesetz seiner Regierung, und alles blühte empor in üppiger Kraft. Der Weise ward gern sein Unterthan, weil er Mensch bleiben durfte. Meinungen wurden nicht vor seinen Richterstuhl gezogen, Rechtschaffenheit galt ihm mehr, als Anhänglichkeit an die Lehren der Väter. Der Bürger mogte die Gerippe der Heiligen verehren, oder Gott im Tempel der Natur anbeten: wenn er nützlich war, so hieß er ihn willkommen. Er bedurfte keines äußern Prunks, denn sein Werth lag in ihm selbst; er wirkte allgegenwärtig, rastlos, und er tag — mehr unter der Last der Thaten als der Jahre.

Er hinterließ mir ein Land, daß er aus einer Sandwüste zu einem Paradiese schuf, ein Volk, gut frei und glücklich — Es ist eine erhabene Bestimmung, einzutreten in seine Fußtapfen, diesem Volke das zu seyn, was er ihm war, neben ihm zu stehen in der Geschichte, und werth zu seyn dieser Stelle. Ich will es! Höre mein Gelübde, du, der ins Verborgene sieht. Heute, an dem feierlichen Tage, da Friedrich seine Bahn vollendete, und dem Himmel seinen Geist wiedergab, heute gelob' ich es, Vater zu seyn meinem Volke. Gerechtigkeit leitete ihn, sie sey auch meine Führerinn. Seine Gesetze ehrten die Freiheit, auch die meinige sollen ihr huldigen. Mein Land gleiche einem Garten, wo alles in schöner, lieblicher Fülle aufwächst, wo die Hand des Gärtners nur das Unkraut erstickt. Der Weise stehe nächst meinem Throne, und mir gelte nur erworbenes, nicht anererbtes Verdienst. Thätigkeit für Menschenglück sey meine Beschäftigung und mein Vergnügen. Mein Prunk, ein Herz gefühlvoll für Elend; und mein Schutz — die Liebe meines Volkes.

Kommt dann einst der Tag, der auch mich abruft von meiner Pflanzung, so wird meine letze Stunde so heiter seyn, als es die des Unvergeßlichen war. Ich werde mit ruhigem Blicke scheiden, froh dem Schatten meines Oheims entgegengehen; denn ich kann ihm sagen: ich hinterließ dein Volk so glücklich, als ich es fand.

Am Tage der Thronbesteigung.

Es ist geknüpft das heilige Band, das mich an meine Unterthanen bindet. Sie schwuren in meine Hand den Eid der Treue, ich schwur ihnen Wachsamkeit und Sorge für ihr Glück. Du warst Zeuge dieses Bundes, Ewiger, und wirst Zeuge seyn, ob ich ihn erfülle. Ich lebe nun in ganz neuen Verhältnissen, mit ganz neuen Pflichten. Es sind Pflichten des Vaters gegen seine Kinder, und also willkommen meinem Herzen.

Es ist schwer in dieser schwindlichten Höhe sich zu halten, und um so schwerer, da Fürsten gewöhnlich allein stehen. In der Nähe des Thrones verlieren Menschen ihre Würde, verleugnen ihre Selbstständigkeit, und werden Puppen, die ein Lächeln, ein Wink leitet und gängelt. Oft suchen sie die Leidenschaften des

Monarchen aus dem Schlummer zu sin‐
gen und sich durch Täuschung anzuhängen
an sein Herz. Hier gilt Festigkeit und heller
unbefangener Blick. Die Geschichte sey
meine Lehrerin! Sie zeigt mir, wie Für‐
sten entstanden, ihre Rechte und Verhält‐
nisse und Pflichten: wie erst der Hausva‐
ter Oberhaupt seiner Familie war, und ihre
Strittigkeiten mit freundlicher Weisheit
schlichtete; wie bald darauf die Menschen
sich in große Gesellschaften zusammenzo‐
gen, und den Weisesten und Besten
unter sich wählten, daß er über sie herr‐
sche nach Gesetzen, die sie selbst gaben;
wie sie einen Theil ihrer ursprünglichen
Rechte abtraten, um sicher zu seyn
im ungestörten Genusse der Uebri‐
gen. Sie führt mich vor die Bilder eines
Busiris und Nero, wo die jammern‐
de Menschheit mit verhülltem Angesichte
steht, Väter die verbrannten Gebeine
ihrer Kinder sammeln, und blühende Flu‐

ren in scheußliche Wüsten sich verwandeln: schrecklich ist der Fluch, den sie über sie ausspricht, und der in allen kommenden Zeitaltern nachhallen wird. Weg von da leitet sie meine Schritte zu dem stillen Tempel des Verdienstes, zeigt hier auf die Büsten eines Julian, Marc Aurel und Heinrich IV. von Navarra: freundlich lächeln sie auf mich herab, wie die Schußgeister der Menschen, ihr Blick ist Huld, und auf ihrer Stirne mahlt sich Güte mit Größe der Seele.

Hier will ich oft weilen, und mich vertraut machen mit ihrem Geiste, will von ihnen lernen, was wahre Größe ist, und wie man sich ein Volk durch Liebe verbindet. Ihr Anblick wird mich aufrichten in Stunden der Prüfung, und mich beleben zu Thaten, die den ihrigen gleichen. Es soll nicht der Eid seyn, was mich an mein Volk kettet, sondern mein Herz. In die Gebete, die heute von Millionen Lippen, vor tausend Altären zum Himmel steigen, sollen sich keine Verwünschungen mischen, keine Thränen sollen die Weihe entheiligen, nie soll es einer meiner Unterthanen zu bereuen Ursache haben, daß der Vorsicht Hand mich auf den Thron der Brennen führte.

Bei Gelegenheit des Religionsedicts.

Die Religion bezeichnet das Verhältniß, in welchem wir mit unserm Schöpfer stehen; sie bestimmt die Pflichten, die wir gegen uns und andere zu erfüllen haben. Auch die Pflichten des Bürgers gehören in ihren Umfang, ob sie gleich durch sie einen andern Zweck erhalten. Sie ist einem Staate nothwendig, wenn seine Glückseligkeit dauerhaft seyn soll.

Rein und unverfälscht gieng sie aus deinen Händen, Allvater! du schriebst ihr erstes Grundgesetz in das Herz eines jeden Menschen, und dieses Grundgesetz heißt — Liebe. Eigennutz, übel verstandene Politik, fromme Schwärmerei vermischten bald ihre wohlthätigen Lehren, gaben Irrthum für Wahrheit, Scheintugend für Wirkliche. Was Quelle von Ruhe und innerer Zufriedenheit für den Sterblichen seyn sollte, ward für ihn Quelle des Elends. Der Fanatismus entvölkerte die Indien, schlachtete Menschenopfer dem Gott der Liebe, verdrängte den nützlichen Bürger von seinen Besitzungen, zerriß die heiligen Bande der Natur zwischen Eltern und Kinder, zwischen Fürsten und Unterthanen, und setzte seinen eisernen Fuß auf den Nacken der Könige. Unglaube und Gottesleugner konnten das Böse nicht thun, was Glaube und Priester thaten.

Diese Greuel zu zernichten, schädliche Irrthümer zu zerstöhren, ist meine größte Pflicht, denn Menschenglück beruht darauf. Aber was bloße Meinung ist, was keine Beziehung hat auf das thätige Leben, kann ich auch hierüber gebiethen?

Der Glaube richtet sich nach der Ueberzeugung, und kann ich Ueberzeugung durch Befehle bewirken? Ist diese nicht Resultat von der Art zu denken, Begriffe zu bilden, von der Summe der Ideen, die in eines jeden Kopfe verschieden ist, und die daselbst verschieden sich formen? und steht die Ueberzeugung nicht im genauen Verhältnisse mit der Erweiterung der Kenntnisse, mit der Abänderung der Einsicht?

Und sollte der Schöpfer zufriedener auf den Christen niederblicken, als auf den Wilden, der sein Opfer der Morgensonne bringt? Er ehrt ihn ja in seinem Werke, ahndet sein Daseyn in seiner Wirkung. — Ein reines Herz verlangt Gott und gute Handlungen.

Ueber die moralischen Grundsätze sind die Menschen so ziemlich einig. — Sokrates und Christus, Konfuzius und Paulus zeigen eine und dieselbe Bahn — ihre Lehren sind aus dem Herzen geschöpft und für das Herz; sie stehen in der genauesten Beziehung mit der innern und äussern Glückseligkeit des Menschen. Die dogmatischen Wahrheiten sind größtentheils Erfindungen späterer Zeiten, wo man Dinge in ein System bringen wollte, die nicht für ein System gemacht waren, wo der Verstand sich verlohr in die Labyrinthe unfruchtbarer Spekulation, wo man sich nicht mehr begnügte mit der einfältigen Weisheit, die Christus gab, so willkommen dem Herzen, so beruhigend in Stunden des Leidens, so voll fröhlicher Ahndung.

Diese Wahrheiten, Erfindungen, Träume (wer vermag eines von dem andern zu sondern, als dein Auge, Allsehender!) diese sind es nicht, worüber ich zu wachen habe, so lange sie ausser dem Verhältnisse zur allgemeinen Glückseeligkeit liegen. Und würd' ich auch Gesezze des Glaubens geben, kann ich Herzen richten? Gedanken ausforschen? Zwingen kann ich den, der anders denkt, als es die symbolischen Bücher wollen, daß er in sich seine Meinung verschließe: aber ist dies nicht Despotismus über den Geist? Ist dies nicht der Kunstgriff, dessen sich Roms Bischöfe bedienten, um das Gebäude der Hierarchie zu stützen, um selbst Könige unter ihr Joch zu beugen? Es ist unrühmlich über Sklaven zu herrschen, und selbst du, Schöpfer der Welt, legtest in uns den Hang zu freier Thätigkeit, gabst uns Vernunft, die immer weiter strebt, nicht stehen bleibt an den Grenzen,
die

die Wahn und Irrthum und Willkühr ihr setzen. Sollten meine Gesetze mit den deinigen im Widerspruche stehen?

Und die Lehrer des Volks, wenn ich nun auch diesen die Kette anlegte! die Bessern werden zurücktreten, und müssen zurücktreten, und die mir ihre Ueberzeugung opfern, die sich des Rechts begeben, auf ihre künftige Ueberzeugung, welche nothwendig nach veränderten Einsichten sich verändert — diese verdienen meine Verachtung.

Anständige Freiheit sey der Grund, worauf meine Verordnungen beruhen. Bestimmt sind die Gesetze, von denen die moralische Glückseeligkeit abhängt: diese müssen unangetastet, müssen jedem heilig bleiben, dem Bürger, der blos in der Sphäre des häuslichen Lebens wirkt, und dem Staatsmann, der das Rad der allgemeinen Ordnung im Umschwunge erhält, und dem Lehrer, der den Menschen und den Bürger vorbereitet zu seiner Bestimmung. Glaube jeder, was er will und kann, wenn er nur rechtschaffen handelt. Dies war die große Maxime meines verewigten Ahnherrn, und durch sie wurden meine Provinzen blühend. Als Frankreich, unkundig seines Vortheils, und in diesen Augenblicken sich selbst sein gefährlichster Feind, seine nützlichen Bürger um des Glaubens willen verjagte, da fanden sie eine Freistäte in meinen Ländern, da kamen durch sie Handel und Gewerbe empor, da verbreitete sich innere Kraft, innere Thätigkeit; da ward der Mensch gerne Bürger des Staats, weil er nicht um seine angebohrnen Rechte betrogen wurde. Er überzeugte sich durch Einsicht und Erfahrung von der Nothwendigkeit der Geseke, die er vorhin als Kinder des Zwanges und der Willführ verabscheut hatte. Religion ward ihm theuer, weil sie die Prüfung aushielt.

Dies leite mich jetzt, da Umstände es nothwendig machen, der Irreligiösität durch ein Gesetz zu steuern. Es giebt Menschen, die nicht begreifen, daß auch Irrthum Wohlthat seyn könne. Diese müssen zurecht gewiesen werden. Warum soll ich dem Schwachen seinen Rohrstab entreißen lassen, wenn er nichts bessers hat, woran er sich halten kann? Warum soll ich dem einfältigen Herzen seinen Wahn rauben sehn, der es so glücklich macht? Warum soll ich nicht Vorsicht anempfehlen, da oft mit einem unschädlichen Irrthume eine Reihe nützlicher Wahrheiten untergraben wird?

Noch andre Menschen sind verdorben genug, um ihr Verderben auch auf andere bringen zu wollen. Nichts ist ihnen heilig! Sie suchen die Gesetze zu untergraben,

weil sie Ursache haben, vor ihrer Ahndung
zu zittern; verlachen die Religion, weil
ihre Herzen zu unrein sind, um ihre reinen
Freuden empfinden zu können: sie zerstöh:
ren häusliche Glückseligkeit, für die ihr
Gefühl abgestumpft ist. Diese zu entfernen
aus der Gesellschaft, oder sie wenigstens
unwirksam zu machen, ist Pflicht des Men:
schenfreundes und des Regenten. Gegen
sie sey hauptsächlich meine Verordnung ge:
richtet. Du, Vater im Himmel! sollst
einst nicht das zertretene Glück von Millio:
nen von meiner Hand fordern!

Aber eben so wenig, als ich nachthei:
lige Lehren gegen das Wohl der Mensch:
heit dulden kann, kann ich mein
Volk zu Sklaven fremder Mey:
nung machen. Dies hieße Uebel mit
Uebel vertreiben. Ich kenne die Priester,
ihre Herrschsucht, ihren Eigennuß. Leicht
wird in ihrer Hand das wohlthätige Licht
der Religion ein Blitz, der die Unglück:

lichen zerschmettert, statt ihnen zu leuchten. Heuchelei gilt ihnen oft für Frömmigkeit, und mechanische Andachtsübung für praktische Religion. Die Blume stiller Tugend gedeiht selten unter ihren Händen, sie wollen das Unkraut ausreißen, und umwühlen das ganze Blumenbeet. Sie wissen Gott ihre Meinungen unterzuschieben, predigen Liebe mit dem Schwerde, und lehren Sanftmuth durch Anathema's. —

Eine wachsame Vorsicht hindre die Unwürdigen in diesem Stande, das zu mißbrauchen, was ich mit dem besten Willen für Menschenglück gebe. Sie sollen lehren, aber nicht richten, Wahrheit verkünden, und nicht ihre Meinungen. Wer nicht nach ihrer Vorschrift thut, der stehe einzig vor dem Richterstule der Gesetze oder seines Herzens. Nie soll der Fanatismus sich einschleichen in die friedlichen Hütten meiner Unterthanen, er mag nun auf Moses Befehle, oder auf das Concilium Tridentinum, oder auf die symbolischen Bücher sich berufen. Wer tugendhaft wandelt, wer die Religion ehrt durch sein Leben, wer durch seine Grundsäzze nicht Menschenglück untergräbt, der freue sich meines Schuzes. Herzen und Meynungen kann nur der richten, der sie beide in ihren innersten Falten durchschaut.

―――――

Bei Herausgabe des Censuredikts.

Glück und Reichthum — Talente und Geisteskräfte hast du, Allvater, nicht gleich, aber weise unter deine Kinder vertheilt. Der Reiche muß dem Armen seine Hand biethen, der Wahrheitsforscher seine Einsichten theilen mit dem Minder scharffichtigen. Auch liegt der Trieb, andern seine Ideen und Erfahrungen bekannt zu machen, tief in der menschlichen Natur gegründet. Dies ist eins von den **unverletzlichen Rechten**, die der Mensch nicht veräussern kann, die die bürgerliche Verfassung *einschränken*, aber nicht *vernichten* darf. Einschränkung ist nothwendig, weil so mancher heilsame Wahrheiten untergräbt, und schädliche Irrthümer an ihre Stelle setzt. Aber schwer ists hier vorzubeugen durch Gesetze! Hier leite du mich, Allsehender!

Wenn ich Richter setze, zu prüfen die Werke des Geistes, so sehen sie mit **ihren** Augen, und richten nach **ihren** Begriffen. Kann ich fordern, daß **alle übrigen** meiner Unterthanen eben diesen Masstab brauchen sollen? Müssen **sechs Millionen sehen wie Einer**?

Wahrheit gewinnt durch Widerspruch, und muß die Prüfung

aushalten, wenn sie den Namen verdienen soll.

Diese Maxime sey die Richtschnur meines Gesetzes.

Denk und Preßfreiheit sind die Stützen der Aufklärung. Finstre Jahrhunderte verdrängten sie, und Fanatismus und Despotendruck waren die Folgen davon. Roms schlaue Priester gebothen Unterdrückung der Vernunft, weil sie den Nimbus um ihre Häupter zu zerstreuen drohte. Da schlief das Glück des Bürgers, da erschlaften Staaten in frommer Unthätigkeit, oder rieben sich selbst auf, aus bigotter Ueberspannung. Fürsten hiengen am Gängelbande des Aberglaubens, und was wär ißt Deutschland, wenn nicht Luther erwacht wäre, und frei und laut gesprochen, wenn nicht Gustav Adolf die Waffen ergriffen hätte für die Rechte der Vernunft?

Gewissensfreiheit ist ein theures Geschenk, das Blut unsrer Väter hat es besiegelt. Wir sind nicht werth, ihre Nachfolger zu seyn, wenn wir es nicht erhalten.

Freilich macht der Mißbrauch selbst das Gute zum Uebel. Doch läßt sich dem Mißbrauche wehren durch Gesetze? Du, Allgütiger, lässest die Giftpflanze wachsen und gedeihen, wenn sie gleich dem Unvorsichtigen den Tod bringt. Du wehrest dem Unkraut nicht, das unter den guten Früchten emporschießt, denn es ist doch besser, dieses dulden, als mit dem Unkraute auch der guten Früchte entbehren. Wenn dieses Gesetz in deiner physischen Natur gilt, warum sollt es nicht anwendbar seyn in der moralischen?

Ich kann mit einem Federzuge den Schriftstellern Stillschweigen gebiethen! aber läßt sich durch einen Machtspruch das allgewaltige Drängen und Streben aufhalten, das sich allenthalben zeigt? Mein besserer Bürger wird dahin auswandern, wo er frei sein Recht üben darf, und nur der wird zurückbleiben, der klein genug denkt, Sklave zu seyn.

Selbst die weiseste Einschränkung ist mißlich, ist gewagt. Dem Forschungsgeist lassen sich keine Grenzen stecken, und der, welcher verderbliche Maximen durch Schriften verbreiten will, findet auswärts oder im verborgenen, Hände, die sich ihm zur Mitwirkung darbiethen. Verboth erregt nur die Neugier.

Es giebt nur ein wirksames Mittel, den Mißbrauch der Preßfreiheit — uns schädlich zu machen: — Verbreitung sittlicher Kultur. Wenn die Menschen erst den Werth ihrer Bestimmung kennen, wenn sie fühlen den wohlthätigen Einfluß einer gereinigten Moral, das Beruhigende, das gewisse Wahrheiten geben, die nicht über alle Einwendung erhaben sind: wenn durch verbesserte, öffentliche Erziehungen Neigungen und Leidenschaften gereinigt werden, die Karaktere Vestigkeit erhalten, wenn ein allgemeiner Geist der Güte, des Wohlwollens, der Nützlichkeit sich verbreitet, dann mögen immer Voltaire Pücellen schreiben, Bahrde der christlichen Religion spotten; das Herz, das edel fühlt, wendet sich weg von ihnen: man bedauert sie als Wahnwitzige, die über gesunde Vernunft spotten, weil sie ihren Gebrauch verlohren haben. Wenn ich die Liebe meines Volkes besitze, mögen die Stimmen der Beleidigungen auch meiner nicht schonen, mögen Mirabeau's lästern, und ** Pasquillen schreiben: sie bestrafen sich selbst, indem sie sich der allgemeinen Verachtung preiß geben.

Vater, der ins Verborgene siehet, und die Herzen prüft, dies sind meine Gesinnungen. Nie will ich die Menschheit ihrer edelsten Rechte berauben, nie den freien Denker einem zweideutigen Tribunal preiß geben, wie es einst Spanien und Italien auf den verbrannten Gebeinen guter Bürger errichteten. Es wäre lächerlich, sich mit Menschenarmen dem Rade des Verhängnisses entgegen werfen wollen. Der menschliche Forschungsgeist hat einen sichern Führer — Erfahrung, der ihn immer innerhalb der Grenze hält, wo Ruhe und Glückseeligkeit blühen. —

Bei den Gräbern meiner Vorfahren.

Auch Könige werden Staub! Diese waren, was ich bin! ich werde seyn, was sie jetzt sind.

Dieser Gedanke dränge sich mir auf, wenn ich je die Rechte der Menschheit an=

taften follte, und wanken in der ſtrengen Erfüllung meiner Pflichten.

All die großen Leidenſchaften, die Welten zittern machten, und Verderben über Nationen verbreiteten, ſchlummern ietzt: es bleibt ihnen nichts, als was auch dem Bettler bleibt — das Bewußtſeyn.

Hier muß ſelbſt die Schmeichelei verſtummen, und wenn auch die goldene Lüge auf den Grabſteinen prahlt, ſie kann nicht mehr täuſchen. Die Geſchichte iſt das lebende Denkmal der Fürſten, und dieſe iſt unbeſtechlich.

Was dieſe Thaten, die hier ſchlummern, verlöſcht nicht aus dem Andenken der Menſchen. Ein glückliches Land, ein freies Volk bewahren heilig ihres Namens Gedächtniß.

Schauer der Ehrfurcht faßt mich, indem ich ihren Grabſtäten nahe; ich ahnde ihre Gegenwart, ich höre ihre Stimme, die laut mir zuruft:

„Blick' auf dein Land und siehe, was Weisheit und Kraft vermögen. Die uns fruchtbaren Steppen, die einst nur kärglich Tausende nährten, geben jetzt Millionen ihren Unterhalt. Sandwüsten sind in Fluren umgeschaffen, träge Horden in nützliche Bürger. Fremde Völker verließen ihr Vaterland, wo man sie zu Sklaven machen wollte, und waren thätig und froh, wo sie frey seyn durften: selbst die karge Natur ward freygebig unter dem Einflusse der Freiheit. Eine große Lehre für dich! — Wir werden geliebt von unserm Volke, weil wir unser Glück nicht von dem ihrigen trennten, nicht schwelgten in dem, was sie sich abdarbten, nicht unserm Vergnügen die Zeit opferten, die ihrer Wohlfahrt durch einen feierlichen Vertrag bedungen war. Gerne eilten sie an unsrer Seite in das Schlachtgefild, denn sie kämpften für eigne Freiheit, nicht für Befriedigung unsrer Launen. Wenn auch bisweilen Vorurtheil und gehemmter Eigennutz unsre Absichten mißdeutete, wenn darüber die Liebe der Unterthanen zu erkalten schien — die Folgen rechtfertigten uns, und der Mißvergnügte fand beschämt in den vermehrten Quellen seiner Sicherheit und seines Erwerbes — Belehrung und Bestrafung."

„Jetzt stehen wir da, wo der Fürst nichts vor dem Bettler voraus hat, wo uns nichts übrig ist, als unser Bewußtseyn! Schrecklich, wenn jetzt der Anblick auf unser Vaterland uns so viel Unglückliche zeigte, als er uns Glückliche zeigt. Wenn der Geist der Einwohner schmachtete in dumpfer Unthätigkeit, wenn Gewissenszwang Heuchelei und Aberglauben genährt hätte, wenn der Bürger, statt sein Glück zu finden, im friedlichen Schoße seiner Familie, im rechtmäßigen Erwerb, in nützlicher Thätigkeit, dasselbe suchte in Frömmelei und falscher Andachtsübung, wenn er auf Wunder harrte, statt seine eigne Kraft zu gebrauchen, wenn er in Dumpfheit des Herzens und der Sinne sein Leben hinträumte, statt es in unbefangener Heiterkeit zu genießen, wenn er glaubte, statt zu handeln. Dreimal schrecklich, wenn das zertretene Glück von Millionen uns anklagte, wenn Thränen Augenblicke der Wollust bezahlten, wenn wir unbekümmert um den Zustand der Provinzen blos uns selbst gelebt, preisgegeben hätten unser Volk dem Eigennuß der Staatsbeamten, dem Dünkel der Priester, wenn wir durch schädliches Beispiel Luxus und Schwelgerei verbreitet, und mit der Achtung gegen uns untergraben hätten die Achtung gegen die Gesetze. Wenn der graue Vater, dessen Arm den Pflug nicht mehr leiten kann, von uns seine Söhne forderte, das Mädchen ihre geraubte Tugend, der Märtirer der Wahrheit die Ruhe seines Herzens. Dreimal schrecklich, wenn der allgemeine

Frühling, der in Europa aufzublühen beginnt, gehindert worden, wäre durch uns, wenn die Geschichte unsre Namen zu den Ferdinanden und Katharinen von Medizis anschriebe!"

„Dieser Fluch trift uns nicht! dankbar streut der Landmann Blumen auf unsre Denkmale, und der Patriot weint über unsrem Aschenkruge. Der frohe Hausvater erzählt unsre Thaten seinen horchenden Enkeln, und pflanzt Liebe und Bewunderung in ihre zarten Seelen. Unser Beispiel führe dich! o es ist göttlich groß, Vater zu seyn von Millionen, und geliebt zu werden von ihnen mit Kindesliebe. Es ist leicht diese Liebe zu erhalten, aber auch schwer, sie zu verdienen. Es kostet manche Entsagung, manchen harten Kampfe sich nur in andern zu leben, sein Glück, nur in fremdem Glücke zu suchen. Wenn Könige schlummern, ist es Todesschlummer für Tausende; wenn Leidenschaft nagt an der Blüte ihrer Kraft, dann welkt das Glück von Tausenden! Aber vom großen Menschen fordert man auch ungewöhnliche Kräfte, eine ungewöhnliche Thätigkeit und Aeusserung derselben, und wehe dem Volke, das gewöhnliche Menschen zu Fürsten hat!"

Dies ist eure Stimme! ihr Nachhall tönt in meinem Herzen, und nie soll er sich verliehren! Wenn Blut und Temperament mich hinreißen, im Aufruhr empörter Sinne, will ich hier bei euch Ruhe suchen, und warnende Lehre. Euer Anblick soll mir sagen, daß ich nicht mehr bin, als der Geringste meiner Unterthanen, daß alles vergänglich ist, was mich umgiebt — die Folgen meiner Handlungen ausgenommen.

Hier wird es lichter um mich werden, wird die Wahrheit unenthüllter sich mir zeigen, als im Prunk des Hofes. Hier wird es lauter, als irgendwo mir tönen, daß auch Könige Staub sind, und die Werkzeuge eines höhern Wesens, daß auch ihnen bei dem Hinscheiden aus diesem Vorbereitungsleben nichts bleibt, als ihr Herz.

Beim Anblicke der Natur.

Dieses allmächtige Leben, dieses Getreibe und Gewimmel um mich her, sagt mir laut, daß dein Geist hier wirksam ist, Vater der Schöpfung!

Millionen Wesen, die mein Auge kaum bemerkt, leben hier, und wirken, und freuen sich ihres Daseyns!

Ich kann ihnen nicht gebiethen, ich kann ihre Thätigkeit nicht hemmen: wenn ich eines dieser Insekten zertrete, ich kann es nicht wieder ins Leben zurückrufen — Hier fühl ich, daß ich auch nur Mensch bin.

Alles blüht um mich in üppiger Fülle, allenthalben ruht Seegen und Gedeihen, aber auch allenthalben weht der Geist der Freiheit. Wenn ich diesem Baum hier einen engen Raum anweise, wo er seine Wurzeln nicht ausbreiten kann: er muß verdorren. Wenn ich die nützliche Biene verschließe innerhalb den Pfählen eines Hauses — leer werden ihre Zellen bleiben. Freies Ausbreiten und Wirken führt jedes Geschöpf zu seinem Zwecke — welch eine große Lehre für Könige!

Freilich schießt auch da die Schierlingspflanze empor, wo der Fruchthalm reift. Beide tränkt der Thau, beide führt der Strahl der Sonne zur Zeitigung. Also auch nach den unabänderlichen Gesetzen der Natur sind Gutes und Uebel unzertrennlich, keine endliche Vollkommenheit ist ohne Eingeschränktheit, kein Licht ohne Schatten. Nimmt man das eine weg, so nimmt man alles: wenn die Regenwolke nicht mehr die Giftpflanze tränken soll, so darf sie auch die Blume nicht mehr erfrischen. Bei viel Kräft ist auch Ueberspannung, bei viel Freiheit Misbrauch derselben. Das nehmliche gilt von der physischen, wie von der moralischen Welt, von der Schöpfung im Ganzen, wie von der Einrichtung der politischen Maschine. Ohne Freiheit ist nirgends Gedeihen, nirgends rascher Umschwung der Kräfte. Sey's, daß die Gewitterwolke hie und da ihren Blitz auf eine friedliche Hütte schleudert, sie träufelt auch Fruchtbarkeit in den Schoos der Erde. Sey's, das Uebermuth und Leidenschaft die Grenze des Gesetzes überschreite, ungestörter Gebrauch, der Geisteskräfte bringt auch edle Handlungen hervor, und in Sklavenseelen kann so wenig der Keim zu großen Dingen sich entfalten, als die Rose auf dem dürren Felsen Wurzel fassen kann.

Weise Vorsicht kann des Uebels Summen mindern, kann oft selbst aus dem Uebel

Gutes ziehen. Hierinn zeigt sich die Wachsamkeit der Vorsehung. Selbst die Giftpflanze wird Mittel zur Genesung, und die Mängel einzelner Theile verlieren sich in der Vollkommenheit des Ganzen. Nirgends wirkt die Natur gewaltsam: wo die freie Ausbreitung einer Kraft schädlich wird, setzt sie eine andere Kraft entgegen: durch diese Gegenwirkung wird das Uebel, das nicht zu vermeiden war, durch ein größeres Gut getilgt.

Dies sey mir Vorbild bei meiner Regierung!

Alles in der physischen Natur hängt zusammen durch das Gesetz der Schwerkraft — Weisheit und Güte sind das Band, welches die sittliche Welt vereinigt. Nichts in der Schöpfung ist ohne Zweck; nichts geht unter bei der immerwährenden Zerstöhrung! So sey es auch meine Sorge, nichts zu vernachläßigen, was auf irgend eine Art mit dem Wohl der Gesellschaft in

Verbindung steht; die nothwendigen Ue:
bel — zu guten Zwecken zu lenken.

Das Auge des Allsehenden wacht über
jedes seiner Geschöpfe: das Insekt, das
zu meinen Füssen kriecht, die Mücke, die
im Abendlichte schwärmt — sind eben so
wohl Gegenstände seiner Sorgfalt als ich.
Aus der Glückseeligkeit des Einzelnen ent:
springt die Glückseeligkeit des Universums;
das Ganze kann nicht gut seyn, wenn die
Theile mangelhaft sind. Auch dies lehre
mich, kein Glied der Gesellschaft gering
zu achten, nicht gleichgültig zu seyn, wenn
Armuth den Landmann drückt, wenn Luxus
Hütten entvölkert, wenn Ländereien öd lie:
gen, die keine Hand bebauen mag; wenn
der älternlose Knabe in Gefahr steht aus
Mangel an Aufsicht zum Bösewicht zu ver:
wildern.

Allsehend bin ich nicht, wie du, Va:
ter der Schöpfung! drum gieb mir Diener,
die mit reinen Augen sehen, und mit rei:

nem Herzen prüfen. Mir soll es nicht zu niedrig seyn, herabzusteigen unter Menschen, deren Glück mir anvertraut ist, und da selbst zu hören, selbst zu sehen — mit dem Geist der Liebe, der in deiner Schöpfung wirkt alles zu umfassen.

Am Stiftungstage des deutschen Bundes.

Die Glückseeligkeit der Staaten hängt genau mit den Formen der Regierung zusammen, und es kann dem Herrscher, der Menschenglück am Herzen trägt, nicht gleichgültig seyn, wie diese beschaffen sind. Freiheit ist das edelste Gut des Menschen, auf Freiheit müssen sich die Regierungsformen stützen, wenn sie ihren Zweck — bürgerliche Glückseeligkeit — nicht mehr hindern als befördern sollen. Dank unsern Vätern, die Winfelds Schlacht schlugen, dank Luther und Gustav Adolf, dank den Märtyrern deutscher Freiheit, daß unser Vaterland nicht Ketten der Knechtschaft trägt. Unsre Fürsten müssen dem Gesetze gehorchen wie die Unterthanen, unter diesem Schilde ruhen beide sicher: kein Despot darf die Gewissensfreiheit bedrängen und das Blut des Bürgers seinen Launen opfern, denn sein Richter ist das Gesetz. Doch wohin wäre diese Freiheit, wenn nicht Friedrich gewacht hätte? dann wären umsonst die römischen Legionen unter Hermanns Schwert gefallen, dann hätte Schwedens Gustav umsonst bei Lützen geblutet! Fürchterlich drohte von Norden und Süden her eine Alleinherrschaft, die aus unsern Fürsten Sklaven — Sklaven aus Deutschlands Bürgern machen wollte, selbst Sklaven aus dem Gesetze. Fein war das Gewebe angelegt, aber Friedrichs Auge durchspähte es. Er erhob sich mit Jünglingskraft, zertrümmerte die Liga, und krönte sein Thatenvolles Leben mit dem schönsten Kranze, den ihm Deutschlands gerettete Freiheit flocht.

Er ward Stifter des deutschen Bundes!

Nun wacht der Fürst für sich und seine Unterthanen zugleich — Beide für die Freiheit, und über beide die Gesetze. Fest stehen sie, Hand in Hand geschlungen — wer vermag ihre Reihe zu brechen? Deutsches Blut wallt noch in Hermanns Enkeln, Thatkraft spannt noch ihre Nerven, Freiheitssinn wandelt vor ihnen her. Nun mögen Herrschsucht und Eigennutz aufstehen und trennen wollen dieses Band — wer für eigne Freiheit kämpft, höhnt Tausende, die fechten um fremden Sold. Darum konnten bei Termopylä dreihundert stehen gegen drei Millionen? Wer den Werth der Freiheit kennt, bezahlt sie auch mit dem Tode; der Sklave zittert für sein Leben.

Unter allen Thaten Friedrichs ist dies die schönste, denn sie gründet das Wohl eines ganzes Volkes; der schönste Lorbeer, denn er ist nicht mit Blut befleckt. Die Siege bei Rosbach und Molwitz, und Zorndorf und Leuthen werden unvergeßlich bleiben, aber von Tausenden mit trauriger Empfindung genannt werden, denn Tausende weinten da in die Schutt= haufen ihrer zerstöhrten Häuser, Greise an den Gräbern ihrer Söhne, Mädchen über den Leichnamen ihrer Verlobten! Noch schleicht hier und da und dort das Gift wel= scher Sitten, das — verderblicher als Gal= liens Kriege — deutsche Einfalt und Nüch= ternheit ansteckte: Den großen Bund wird jeder seegnen im Vollgenusse der Freiheit.

Gerne schließ' ich mich an die Reihe, die dichter zusammenrückte nach Fried= richs Tod; gerne bieth ich meine Hand zum Schutz meines Vaterlandes. Geseegnet sey dieser Tag, an dem Deutschlands Genius meinem Oheim den großen Gedanken eingab! Heute erneure ich das Gelübde, treu zu hängen an diesem Bunde, werth zu seyn der deutschen Männer, deren Geister auf mich niederblicken, zu wachen für Deutschlands Freiheit — für die Freiheit meines Volkes!

Du wirst mit uns seyn, Allmächtiger, denn du willst das Glück deiner Geschöpfe! Mögen Unterdrücker heranstürmen in unabsehbaren Schaaren; mag die Alleinherrschaft ihre nächtlichen Fittiche ausbreiten! — Mit uns ist Gott und Freiheit.

Bei Gelegenheit einiger Entwürfe zur Schulverbesserung.

Aus den Händen des Erziehers empfängt der Staat seine Bürger: Der Mensch ist nichts, als wozu ihn Beispiel und Unterricht machen. Die ersten Eindrücke, die er empfängt, bleiben durch das ganze Leben, geben dem Karakter eine Falte, welche keine Zeit und keine Veränderung mehr zu tilgen im Stande ist.

Nothwendig ists daher, meine Aufmerksamkeit auf die öffentlichen Erziehungsanstalten zu richten. Die häusliche Erziehung kann sich nur dann verbessern, wenn wir erst durch den öffentlichen Unterricht eine Anzahl gebildeter Menschen erhalten haben, wenn diese eintreten in die Verhältnisse des bürgerlichen Lebens, und ihren Kindern den Stempel des Guten mittheilen, den sie dort empfingen.

Nützliche Kenntnisse sind es, die den Menschen zum guten Bürger machen. Er muß fühlen den Werth seiner Bestimmung, den Werth eines geschäftigen Lebens. Was frommt es, wenn dem Jünglinge und Mädchen der Kopf mit Dingen vollgepfropft wird, für die sie keinen Sinn haben? wenn sie, — statt gesunder Grundsätze, dogmatische Formeln herschwatzen; statt sich ganz mit einer nützlichen Wissenschaft zu befassen, auf der Oberfläche von hundert Gegenständen umhergleiten lernen?

Religionsunterricht sey Sache des Herzens! Man umringe das Kind mit Bildern des Guten, baue mit Vorsicht an seiner Sinnlichkeit; unterdrücke nicht Empfindungen und Neigungen, welche doch einst gewiß auf den Ruf der Natur erwachen, vielmehr gebe man diesen früh die gehörige Richtung: Man lehre früh, welcher Vortheil es ist, fremde Erfahrung zu benutzen, die man nicht mit eigner

Aufopferung kaufen muß: Man verschaffe Gelegenheiten zu Genüßen, die edle Handlungen gewähren — Man lehre den Menschen — Menschen seyn, denn der bessere Mensch ist auch der bessere Bürger.

Eine gewisse Geistesschwäche ist die Epidemie unsrer Zeiten: wir haben zu wenig Ernst für Anstrengung, jagen blos nach sinnlichem Kitzel, um dem Ueberdrusse zu entgehen, der eine Folge gänzlicher Abspannung ist. Natur und Einfalt sind von uns gewichen, mit ihnen der Sinn für häusliche Freuden. Sonst erholte sich der Hausvater von den Geschäften des Tages im Schooße seiner Familie; das Lächeln der Gattin, das frohe Gewühle der Kleinen war ihm Ersatz — Belohnung für seine Arbeit; Itzt — im Geschäftlosen Taumel läuft jeder dem Vergnügen nach, sucht wo es nicht zu finden ist, und traurige Erfahrung lehrt ihn zu spät — Weisheit.

In diesem lethargischen Taumel stockt das Rad der allgemeinen Glückseeligkeit; der Bürger, der frei ist unter dem Gesetze, kriecht unter der Sklaverei der Modesitten. Hierauf hat die Erziehung ihr großes Augenmerk zu richten. Ein geschäftiges Leben ist das sicherste Mittel gegen Entnervung. — Beispiel thut hier mehr als Unterricht.

Sollen die Sitten der untern Klasse sich verbessern, so muß die obere Klasse hierinn vorangehen. Wenn Fürsten ihre Zeit dem Vergnügen opfern, so thun es die Höflinge, so thut es der Bürger. Wenn sinnliche Verfeinerung, die man fälschlich mit dem Namen Aufklärung belegt, Geist und Herz der Großen erschlaft, so theilt sich diese Abspannung gleich dem electrischen Schlage, auch dem Haufen mit. Thorheiten und Laster werden ehrwürdig, sobald die Majestät ihren Stempel darauf drückt; man schämt sich ihrer, wie eines gestürzten Staatsministers, wenn sie vom Hofe verbannt sind. Erziehung ist nichts ohne allgemeine Sittenverbesserung, und diese muß in der höhern Region anfangen.

Der Mensch bedarf wenig, auch wenn er auf dem Throne sitzt. Die Zeit des Fürsten gehört seinem Volke, sein Vergnügen liegt in seinem Bewußtseyn. Wenn ihm eine Tugend fehlt, so fehlen ihm alle. Diese Wahrheit stehe vor mir an jedem Morgen, begleite mich durchs ganze Leben. Meine Tugenden werden andre nicht tugendhaft machen, aber doch ihre Laster und Thorheiten verdrängen. Man wird nüchtern, mäßig, arbeitsam seyn, nicht weil man den Werth dieser Dinge kennt, aber weil es der König ist. Nach und nach wird Bedürfniß, was erst Zwang und Modeton war: die wohlthätigen Folgen geben Ueberzeugung, und öffnen manches Herz der bisher unbekannten Empfindung innere Würde.

Dann aber, Vater der Menschen! gieb mir auch Lehrer des Volks, die Menschen sind, und Weise, die nicht unterrichten, weil sie bezahlt werden, sondern aus Bedürfniß des Herzens; die nicht Meinungen für Wahrheit verkaufen, und ihre Götzen aufstellen, indem sie Fremde zertrümmern. Gieb mir Menschen zu Lehrern, die den Gang der Natur kennen, und — ohne Ueberhebung — mit geradem, einfältigem Sinne wandeln; die den Jüngling mit sich selbst bekannt machen, und mit seinen künftigen Verhältnissen, die ihn freundlich leiten — nicht am Gängelbande knechtischer Furcht; die ihn ermuntern, wo er unentschlossen sieht an schrofen Wegen, ihn liebreich unterstützen, wo er wankt, die seinen Geist nähren mit Wahrheit und sein Herz mit einfältiger Lehre: die ihn in die Natur führen, und da, wo alles lebt und sich freut in geschäftiger Thätigkeit, ihn fühlen lehren den Werth seines Berufs: Nützlich zu seyn!

Vorschriften helfen hier nichts, auch die besten bleiben ohne Wirkung, und müssen es bleiben. Der Miethling faßt ihren Geist nicht, und der würdige Lehrer kennt ohne sie den Weg, den er zu gehen hat, und wandelt ihn, weil seine Ueberzeugung ihn dazu auffordert. Vorschriften zum religiösen Unterricht taugen vielleicht am wenigsten. Christus einfältige Weisheit ist für das Herz. Der Orthodoxe macht einen Kram von Gelehrsamkeit daraus, und versiegelt den Plunder mit einem Anathema: Der Weise, der mit reiner Seele sie umfaßt, prägt sie seinem Zögling durch Beispiel ein. Wer in Unschuld wandelt, und die Pflichten seines Berufs erfüllt, der ehrt die Religion mehr, als der Gelehrte, der Folianten zu ihrer Vertheidigung schreibt. Weg also mit der Glosse des Theologen. Sie lehrt, was Christus nie lehrte, nie lehren konnte, wie wäre sonst seine Lehre so begreiflich, so trostvoll jedem Menschen! Wehe dem, der Beruhigung sucht in den Orakelsprüchen der Schriftgelehrten. Sie verweisen ihn auf Ansehn und speisen ihn mit Distinettionen ab. Ihr Losungswort ist Glaube, und es ist freilich bequemer zu glauben, als zu handeln..

Der nützliche, rechtschaffene Mann ist der bessere Bürger, der bessere Lehrer, der bessere Christ, denn Christus Lehre geht einzig auf nützliche Tugend.

Bei einer Reise
in die Provinzen.

Wie können Fürsten die Bedürfnisse ihrer Unterthanen kennen, in der Entfernung, worinn sie von ihnen leben? Wie selten kann und darf es der Unterthan wagen, die Scheidewand der Etiquette und Konvenzionen zu durchbrechen, die ihn von dem trennen, in dessen Hände sein Glück gegeben ist! Schlau wissen die Höflinge den Zugang zum Throne zu versperren, damit ja keine Klage eines Unterdrückten den Herrscher aus dem süssen Wahn aufschrecke — daß alles sey wie es seyn sollte.

Bei dem besten Willen, Menschen glücklich zu machen, ist nichts gethan, wenn der Fürst nicht ins Detail herabsieht. Unter so vielen Menschen, die ihm ihren Kopf, ihren Arm, ihre Thätigkeit leihen müssen, um eine so zusammengesetzte Maschine im Gange zu erhalten, sind, dies sagt tägliche Erfahrung! Manche, die nicht mit reinem Wohlwollen, nicht mit uneigennütziger Redlichkeit das ihnen angewiesene Geschäft verwalten; Manche die nützen wollen, und aus Kurzsichtigkeit schaden. Oft sitzt ein Titus auf dem Thron, und die Provinzen bluten unter der Geißel der kleinern Tyrannen. Wie könnt' es auch anders seyn? Soll Vaterlandsliebe sie beseelen? In Monarchien hört das Vaterland auf! Soll ihr Bewußtseyn sie loben? sie handeln mechanisch; ihre Thätigkeit geht nach Erwerb; sie werden bezahlt, wie der Arbeiter, der das Feld bestellt: die Früchte — erndtet der König!

Was bleibt mir übrig, als selbst zu sehen, selbst zu prüfen, so weit ich es nur vermag! Wenn der Bürger sich meinem Thron nicht nähern kann, so wird es meine Pflicht, zu ihm herabzusteigen, seine

Klagen zu hören, und seine Thränen zu trocknen.

Ich will diese große Pflicht erfüllen! sehen, wo der Fleiß auf den Feldern grünt, und wo sie unbebauet stehen; untersuchen die Gewichte, womit die Gerechtigkeit wägt, und so wenigstens durch Furcht vor Ahndung das erzwingen, wozu Rechtschaffenheit umsonst manchen Menschen auffordert.

Ich muß freilich den Prunk des Hofes verlassen, entsagen mancher Bequemlichkeit, mich manchem Ungemach preiß geben: doch dafür wird mich der Gedanke schadlos halten, daß ich Menschenelend mindere.

Meine Reise sey kein Triumph der Eitelkeit, der Landmann soll es nicht als Gnade anerkennen, wenn ich in seine Hütte trete, und seine Klagen höre: er soll in mir einen guten Vater sehen, der die Pflichten des Vaters erfüllt, und mit kindlicher Liebe mir vertrauen.

Ich bin ja da um seinstwillen, er hat ein Recht, auf den Vertrag zu halten, der Fürsten und Unterthanen bindet.

Schlimm genug, daß oft Millionen darben, um die Launen eines Einzelnen zu befriedigen, den sie nie sehen; der kam und gieng wie ein Pesthauch, der in der Stille der Nacht über das Land fährt, und am Morgen nur in der zurückgelassenen Verwüstung sichtbar ist.

An schwelgerischen Tafeln, in den Armen erkaufter (oft mit dem Blute der Unterthanen erkaufter) Wollust taumelten so manche Fürsten ihr Leben hin, unbekümmert um das Glück des Bürgers, vielleicht noch zu entschuldigen, wenn sie es nicht muthwillig zerstöhrt hätten.

Günstlinge sprachen über Leben und Tod. Maitressen entschieden über Frieden und Krieg! Unter Thränen und Verwünschungen wanderte der Landmann aus, um unter einem entferntern Himmelsstrich

ein Vaterland zu suchen; verlassen trau=
erten die Ländereien, deren Bebauer —
verkauft wurden zum Opfer fremder
Herrschgier.

So herrschen oft Könige und Fürsten!
Ihr Pfad sey nicht der Meinige. Gern
verlaß ich den Glanz des Marmorsaals,
der gewohnten üppigen Pracht, um die
Menschen zu besuchen, die ihr Glück mir
vertrauten, um in ihren Augen zu lesen,
ob sie es bereuen, oder dem Himmel dafür
danken. Die Hütte des Landmanns sey
mir nicht zu niedrig; ein heiliges Band
kettet ihn an mich. Von ihm will ich hören,
ob er zufrieden sein Gewerbe bestellt, ob
er sicher ruht unter dem Schutz der Gesetze,
oder ob er seufzt unter dem Drucke des
Eigennutzes, der Unwissenheit und des —
politischen oder religiösen Vor=
urtheils.

Ich will seinen Klagen abhelfen; meine
Güte wird ihn mit Muth beleben: er wird

gern einem Könige gehorchen, der Mensch
ist, von dem er weiß, daß er nicht leicht-
sinnig mit Menschenglück spielt. Den
Fleiß will ich unterstützen, denn die Einkünfte des Landes gehören zum Theil dem
Lande. Wie froh werd ich mich, am Abend
des Tages zur Ruhe legen, wenn ich mir
sagen kann, du hast heute Menschenglück
befördert.

Bei Gelegenheit
der Holländischen Unruhen.

Es ist Pflicht des Mächtigen, seine
Macht zur Unterstützung fremder Wohl-
farth zu gebrauchen; es ist süß und erhebend, einem ganzen Volke seine verlohrne
Ruhe wieder zu schenken: Diese Vorstellungen wären allein hinreichend, meine
thätige Theilnahme für einen unglücklichen

Freistaat zu erregen; den übelverstandener Patriotismus, Eigennutz und Eigendünkel zu zernichten drohen; der an selbstgeschlagenen Wunden zu verbluten, Gefahr läuft.

Aber hierzu kommt noch ein andrer Bewegungsgrund: Fein und künstlich ist das Uhrwerk der europäischen Verfassung zusammengesetzt; ein Rad verrückt; eine Feder erschlafft — und die ganze Maschine droht zu stocken; es ist um ihren Einklang — vielleicht auf immer! geschehen.

Die Ruhe Europens ruft mich also, die Ruhe meines eigenen Volkes, die mit jener so genau zusammenhängt. —

In der That scheinen die Freistaaten nicht mehr für unsre Zeiten und für unsre Menschen zu passen. Ein freies Volk muß wenig Bedürfnisse haben, und alles, was es braucht, auf seinem mütterlichen Boden finden, muß sein Treiben und Wirken zusammendrängen auf einen Punkt:

es darf nicht entnervt seyn durch Luxus und Weichlichkeit. Nur der kraftvolle Mann kann sicher allein gehen und walten; das Kind bedarf des Gängelbandes.

Es war nicht ein reiches, handelndes Volk, das einst den großen Kampf mit der spanischen Uebermacht kämpfte. Friedliche Hüttenbewohner warens — Fischer und Pflüger, die dem Meere Wohnungen und Fluren abtrotzten, die die Ketten der Philippe und Alba's brachen, die werth waren frei zu seyn, weil sie den Muth dazu hatten.

Der Handlungsgeist lähmt den Nerv für Größe, theilt das Interesse der Nation, und giebt ihrer Thätigkeit eine Richtung, wobei die innere Kraft verlohren geht. Weichlichkeit ist die Gefährtinn des Ueberflusses; und wer erst nicht Sklave eines Monarchen seyn wolte, wird jetzt Sklave des Goldes und der Sinnlichkeit.

So fielen einst Sparta und Rom von dem Gipfel ihrer Höhe, so fällt Holland, und so wird die Schweiz fallen, wenn nun die Einfalt der Sitten vollends verdrängt ist durch französische Verfeinerung.

Es giebt eine traurige Empfindung für den Herrscher, der den Werth des Menschen kennt, wenn er sieht, wie tief der Mensch gesunken ist! wenn er sich der Uebermacht bedienen muß, um ihn nicht noch tiefer sinken zu lassen.

Schrecklich, wenn in einer solchen Lage Despoten auf den Thron steigen, und sich die Schwäche eines Volkes zu Nutze machen!

Dreimal schrecklich, wenn Könige dem spottenden Zuruf des Dichters im Ernste folgen. —

Bewahrt vor allem väterlich das Volk
Was Nerven stählt, und Schwung dem Geiste giebt.

Was frommet ihm des Armes Kraft,
  seitdem
Der Krieg ein Spiel der Kunst ge-
  worden ist!
Und Geist ist ihm gefährlich! brecht
  ihm früh
Den Fittig, weil er noch am Sumpfe
  klebt,
Dem Jäger gleich, der früh die
  Schwanen lähmt,
Daß nicht, wenn er gewaffnet wie-
  derkehrt,
Der schöne Vogel sich im Silberklang
Der Lüfte hebe, ihm zum bittern
  Hohn.
Versammelt, was die Sinne reißen
  kann,
Um euren Thron, o spart zur Un-
  zeit nicht!
Ihr spart? für wen? für euer Volk
  doch nicht?

Erweicht durch Ueppigkeit und bunten
Tand
Den Unterthan, denn wer den Sin=
nen fröhnt,
Ist kalt für Freiheit und dem Fürsten
feil!
Ruft den Kastraten von der Tiber
her,
Er ist der beste Bürger eures Reichs,
Er singet euren Hof in weiche Ruh,
Ist leer an Kraft, von Leidenschaf=
ten frei:
Ein solches Volk wär ganz Europa
werth
Für einen König, stürb' es nur
nicht aus!
Das Schauspiel kann gefährlich
werden, fern
Von eurer Bühne schreite Hämlets
Geist,
Kein Odoardo zucke seinen Dolch,
Es ruhe Göz mit seiner Eisenhand!

Das weiche Singspiel wieg euch täg-
lich ein,
Mit Frankreichs Tönen und mit
Frankreichs Witz.
Die welsche Melodie erregt das Herz,
Weckt die Empfindung, giebt ihr
Ebb' und Fluth,
Und eures Volks Empfindung müsse
still,
Nicht tief, von euch durchschaut und
eingeschränkt,
Wie ein Kanal in euren Gärten seyn.
Taucht eures Reiches edle Jugend
früh
Ins laue Baad französcher Sitten ein.
Seyd ja den bunten Karten immer
hold,
Ein Volk, das täglich spielt, ge-
horcht euch gern.
Ihr selber spottet der Religion,
Ihr Geist ist Geist der Wahrheit und
der Kraft;

Doch ehrt die Pfaffen, denn sie ehren
euch,
Ihr Geist ist Geist der Schwachheit
und des Wahns!
Und leiten eure Macht vom Himmel her.
Von euch gemästet, räuchern sie euch
gern,
Den wahren Priester haltet von
euch ab.
Kein Erdenglanz verblendet seinen
Blick,
Und bittre Wahrheit tönt aus seinem
Mund.
Das Füllhorn eurer Gnade schütte
Band
Und Stern und Schlüssel um den
Thron umher,
Kein Zauber wirkt auf kleine See:
len so!
Er lehrt, was klein ist, achten und
verschmähn,
Was edel ist, gewöhnt auf eure Hand

Hinauf zu schaun, wie buntes Fe-
dervieh
Sich alle Morgen um die goldne
Saat
Der Hand versammelt, die es schlach-
ten wird.
Der Rechtsgelehrte sonne sich im
Glanz
Der Gunst, und knäte das Gesetz
wie Wachs.
Sein Kiel behaupte euer Schwertes
Recht,
Eh ihr im Trüben bei dem Nachbar
fischt.
Es fröhne kriechend euch der Phi-
losoph,
Wenn ihm der Jüngling in dem Hör-
sal lauscht;
Er wäge Recht der Menschheit und
des Throns,
In Schalen denen ihr den Stem-
pel gabt,

Nach eures Heiligthumes Sekeln
ab.
Vor allen steh ein ungeheures
Heer
Bereit auf euren Wink. Wenn auch
kein Wolf
Der Heerde dräut, denn unter uns
gesagt,
Die Hunde beissen nicht den Wolf
allein.
Das ist die wahre Weisheit, die-
ses ist
Der Kern der Politik, ein süsser
Kern,
Euch aufbewahrt, indessen nagt das
Volk
Die Zähne sich an harten Schalen
stumpf.
Nein, mich soll dieser Vorwurf nie
treffen! Es ist wahrlich nicht groß, Herr-
scher von Sklaven zu seyn.

Bei
der Wahl eines Ministers.

Es ist das traurige Loos der Fürsten, daß sie nicht selbst sehen, nicht selbst prüfen, nicht selbst das Rad der Geschäfte im Umschwunge erhalten können; daß sie hier zu fremder Augen, fremder Hände, fremder Kräfte bedürfen. Und leider fordert es die Verfassung von Deutschland und von Europa, meine Aufmerksamkeit nicht blos auf das Innere meiner Staaten, sondern auf den ganzen Zusammenhang dieser vielfachen politischen Maschine zu richten. Wohl mir, wenn hier Männer mir zur Seite stehn, die mit tiefem Blick das ganze Gewebe durchschauen, mit geübter Hand einzugreifen wissen, wo es anfängt sich zu verwirren; die das Einzelne nicht aus dem Auge verlieren, indem sie das Ganze überschauen, die sich nicht irre füh-

ten laſſen von Wahn und Dünkel, nicht
hinreißen von kleinlichem Ehrgeize, von
Eigennutz oder ſonſt einer Leidenſchaft;
die Weiſe ſind und Patrioten!

Durch die Richelieus und Maza‐
rin's kamen Frankreichs Ludwige
um ihren Ruhm, und ihre Bürger um
ihre Glückſeeligkeit; Pitts großer Geiſt
hielt England einſt, daß es nicht ſank
im Wogenſturme der Demokratie — ſo viel
hängt von einem einzigen Manne ab, der
an der Spitze der Geſchäfte ſteht.

Hier, Ewiger, ſchärfe meinen Blick,
daß ich unter Millionen den finde, der zu
ſtehen vermag für Millionen, der ſein
Glück in dem ihrigen ſucht, und die Wege
kennt, auf denen es zu erreichen iſt.

Der kleinſte Fleck im Karakter eines
ſolchen Mannes, die kleinſte Lücke in der
Reihe ſeiner Kenntniſſe iſt oft die Urſache
mannichfaltiger Verwirrung, giebt oft
Anlaß, daß Tauſende unglücklich werden.

liegt Ehrgeiz in seiner Seele, so wird er das Glück der Unterthanen opfern um die Seifenblase Ruhm, wird die Ruhe von Millionen auf das Spiel setzen, um einer Formalität willen! wird seine Thätigkeit in dem Kreis der Hofkabale einschränken, und alles übrige aus den Augen verlieren.

Hängt er an der Form irgend einer Religion? — wehe der Aufklärung, wehe dem Ruhme des Fürsten! Religionsedikte werden den Geist des Forschens unterdrükken, den Priester zum Heuchler machen, oder seine Stelle an Dummköpfe einräumen; der Umlauf nützlicher Wahrheiten wird stocken, und die Seele erkranken, wie der Körper erkrankt, wenn der Umlauf der Säfte gehindert wird. Spötter werden dem Regenten zuschreiben, was Werk seines Günstlings war; die Weisen werden seufzen und sich in sich selbst zurück ziehen, oder ihre Talente dem Auslande anbiethen;

das mit Schadenfreude auf einen Staat hinsieht, der das Mittel vernichtet, wodurch er einst empor stieg.

Ist sein Blick nicht weit umfassend, oder ist er gar umnebelt von dem Staube der Schule oder des Studierzimmers, wie vermag er so feine Verhältnisse zu durchdringen, wie, Kräfte und Gegenkräfte zu berechnen, wie, Dinge zu beurtheilen, die nicht für seinen Niveau gemacht sind? Der Anblick von tausend, ihm bisher unbekannten Gegenständen, muß sein Auge blenden, (wer nicht an das Licht gewöhnt ist, kann nicht in die Sonne sehen!) er muß tausend Dinge thöricht finden, weil er ihren Zusammenhang nicht kennt, er wird sie ordnen wollen nach einem Maasstabe, nach dem sie sich nicht ordnen lassen. — So schuf einst Plato seine Republik, aber es war auch nur eine Republik für Bücher.

Ist sein Herz irgend einer Leidenschaft zugänglich, dreimal wehe! Leicht ist die schwache Seite eines Mannes ausgespäht, leicht wird der größte Mann durch Leidenschaft bestochen, und der kann nicht über andre herrschen, der sein eigener Sklave ist.

Hat er nicht früh unter Menschen gelebt, ihr Treiben und Thun beobachtet, weiß er nicht bestimmt, wie oft und wie verschieden dieses Chamäleon an den Höfen seine Farben wechselt? so wird er hintergangen werden, und Uebel veranlassen bei der besten Absicht.

Ist sein Geist nicht groß! Er wird erliegen unter der Last. Ist seine Seele nicht stark! sie wird nicht aushalten gegen die Lockungen der Eitelkeit, des Eigennutzes, der Wollust und der Fürstengunst. Er wird mir für Wahrheit Schmeichelei verkaufen, und sich seinen Patriotismus — bezahlen lassen.

Wer mir schmeichelt, ist ein Sklave; wer den Muth hat, mir Wahrheit zu sagen, der hat auch Muth genug, auszuhalten gegen Mühseeligkeit und Verführung.

Mein Oheim hatte Männer um sich, die werth waren ihrer Stelle: Diese zu ehren ist meine große Pflicht. Das Vaterland liebet sie, und das Ausland neidet mich um sie. Noch einige, die ihnen gleichen, und ich habe meinen Unterthanen das Beste gegeben. — Erhalter und Beförderer ihrer Glückseeligkeit.

Bei Unterzeichnung eines Todesurtheils.

Noch ist es unentschieden, ob der Mensch, bei seinem Eintritt in die bürgerliche Gesellschaft, sich auch des Rechts über sein Leben begiebt, und begeben kann. Freilich kann der Verbrecher die allgemeine Ruhe stören, seine Wirksamkeit kann das Glük seiner Mitbürger untergraben, und hier wird es Pflicht des Regenten dem Unfug zu steuern. Aber kann dies nicht dadurch bewirkt werden, wenn der Uebelthäter gehindert wird, fernerhin schädlich zu werden.

Besseruug ist ja ein Hauptzwek aller Strafgeseze, oder sollte es wenigstens seyn. Die Todesstrafe vernichtet diesen Zwek, sie schneidet dem Baum die Wurzeln ab, und keine Kunst vermag mehr, ihm gesunde Schößlinge ein zu

propfen. Der Verbrecher, wenn er Bös
sewicht ist — geht aus der Welt mit
jener unglücklichen Stimmung, welche eine
vertraute Bekanntschaft mit dem Laster zurück läßt, und bringt also die schrecklichen
Folgen seiner Handlungen auch in die
Ewigkeit mit hinüber: er konnte, wenn
man ihn unter andern Umstände versezte,
ihn einer weisen Leitung anvertraute, noch
gebessert werden; aber durch die Todesstrafe wird dies unmöglich; die Gesetze
machen ihn elend für eine Zukunft, über
die sich ihre Rechte nicht ausdehnen.

Er wird unbrauchbar für die menschliche Gesellschaft, für die er noch immer
nützlich seyn könnte. Ein gehenkter Dieb
nüzt niemand, sagt ein Weiser etwas kau-
stisch, aber nichts destoweniger wahr.
Beide Zwecke können sehr gut zugleich erfüllt werden, der Verbrecher kann ausser
Stand gesezt werden zu schaden, indeß er gezwungen wird in einem angewie-

senen Kreise nützlich zu seyn, indeß man ihn mit Gegenständen des Guten umringt, welche nach und nach die schädlichen Bilder seiner Phantasie verwischen, seine bösen Fertigkeiten schwächen, den Nerv fürs moralische Schöne wieder spannen, und ihn wieder zum guten Menschen, und brauchbaren Bürger umschaffen. — Der Mensch ist alles, wozu die Umstände ihn machen, und diese zu ordnen, steht in unsrer Macht.

Und wie viele Verbrecher giebt es, die keine Bösewichter sind! Wie mancher ließ sich von seinem raschen Temperamente, von Leidenschaft, von dem Drang der Verhältnisse hinreissen zu einer Handlung, der die Seele nur halb gegenwärtig war; wie mancher bedurfte nur der ersten traurigen Erfahrung, nur des ersten peinigenden Selbstgefühls, um inniger zurückzukehren zu Tugend und Rechtschaffenheit! Wäre hier

Todesstrafe nicht gegen den Geist der Gesetze? Wäre nicht selbst jede gelindere öffentliche Strafe zweckwidrig? Würde sie nicht das Hauptressort in der Seele des gefallenen Edlen — das Gefühl der Ehre niederdrücken?

Hier wären die Anstalten, welche fromme Schwärmerei zu einer unnatürlichen Absicht erfand, vielleicht die zweckmäßigsten. Der Auffenthalt eines Klosters, die Entfernung von dem Getümmel der Welt, der Umgang mit guten Menschen würde das kranke Herz heilen: in der Einsamkeit kommt man so leicht zur Selbsterkenntnis, die äussere Eindrücke verlieren sich, der Aufruhr der empörten Sinne wird nach und nach gestillt — die Leidenschaften schweigen — man zieht sich in sich selbst zurück, und kömmt sich selbst näher, was immer der wichtigste Schritt zur Besserung ist.

Freilich haben die Strafgeseze noch eine andere Absicht — ein warnendes Beispiel für andere zu geben. Aber der unglückliche Verbrecher braucht nur eines ruhigen Augenblickes, um zu sich selbst und zur Tugend zurük zu kehren, und der Bösewicht — ist es auch mitten unter den Beispielen von der Strenge der Geseze. Wer einmal die Stimme der Natur — das sympathetische Gefühl in sich erstickt hat, bei dem sind Herz und Geist in eine gewisse Dumpfheit gehüllt, seine Besinnungskraft ist zerrüttet, jeder Eindruck gleitet nur leicht an seiner Seele vorüber, er handelt instinktmäßig — seine Freiheit ist verlohren. Bösewichter von der Art sind Seelenkranke: sie können vielleicht nicht ganz geheilt werden, ihr Nerv ist durchschnitten — doch auch hier wird es Pflicht, wenigstens zu versuchen, was Zeit, Beschäftigung, bessere Gegenstände und Eindrücke zu thun vermögen.

Es scheint nicht ganz ungegründet, was einige Beobachter sagen, daß bei einem schwachen, durch Luxus entnervten Volke die Todesstrafen durchaus nothwendig seyen, denn Weichlinge kennen kein größeres Uebel, als den Tod, den der rohe, uncultivirte Barbar verachtet, und doch! wenn Furcht die Menschen abhalten kann von Ausschweifungen und Verbrechen warum sollte es die Furcht vor einem mühseeligen Leben, vor Verachtung, Elend und Schande weniger, als die Furcht vor dem Tode? Kömmt der Mensch so weit, daß er die Hand ausstreckt, ein Verbrechen zu begehen, so verschlingt entweder in diesem Augenblicke eine herrschende Leidenschaft jede andere Vorstellung in ihm, oder er täuscht sich mit der Hofnung, den Folgen seiner Handlung zu entgehen, oder er hat Muth genug, diese Folgen zu tragen: In jeglichem dieser drei Fälle wird die

Todesstrafe nicht mehr als jede andre Strafe auf seine Vorstellung wirken.

Der Mensch ist von Natur weder gut noch bös; Umstände machen ihn zu Engel oder Teufel — die mehresten stehen auf der Mittellinie zwischen beiden! Wie mancher Richter, der über den Verbrecher kalt und fühllos nach dem Buchstaben des Gesetzes richtet, würde an seiner Stelle — mit demselben Temperamente, mit demselben Ueberschwunge der Leidenschaft eben so gehandelt haben?

Wie oft sind es die ersten Jugendeindrücke, wie oft die Launen unserer Ammen und Hofmeister, die uns in späten Jahren zu unmoralischen Handlungen bestimmen! Wie wenig Freiheit bleibt dem Menschen, wenn man die Beschaffenheit seines Blutes, den unwillkührlich erhaltenen Vorrath von Ideen, die Wirkungen einer weichlichen Erziehung, die Macht der dunklen Vorstellungen und noch hundert andre

Dinge, welche auf die Willensthätigkeit Einfluß haben, in Anschlag bringt!

Wir sind zu weit von der Natur abgewichen, als daß unsre Strafgesetze in den meisten Fällen auch nur gerecht seyn sollten.

Verbesserung der Sitten ist der große Punkt, auf den der Gesetzgeber sein Augenmerk zu richten hat. lernten wir unsre Bedürfnisse verringern; Körper und Geist stärken durch Arbeitsamkeit und Wahrheit; kehrten wir wieder zurück zu der alten Einfalt und Unverdorbenheit der Sitten, von der Tacitus sagt, daß sie mehr bei unsern Vätern vermochten, als anderwärts die Gesetze; würde der Volkskarakter veredelt — wir könnten aller Strafgesetze entbehren.

F

Am Morgen.

Ein Tag liegt wieder vor mir — ein unbeschriebenes Blatt, das ich mit guten oder bösen Handlungen bezeichnen kann. Leer wird es nicht bleiben: denn wenn mir auch dieser Tag in Unthätigkeit entschlüpfte, so würd' ich einst darauf lesen: Du hast heute Menschenglück versäumt!

Es ist wenig an dem Leben. Einen Theil vertändeln wir als Kinder. Die Hälfte schwindet im Schlafe vorüber: Manche andre Stunde rauben uns Nothwendigkeit und Konventionen. Was bleibt also für uns selbst, wenn wir nicht mit jeder Minute geitzen? Wie oft hängt an einer einzigen Minute das Glück oder Unglück von Tagen und Jahren!

Ich werfe mich in den Wirbel des Vergnügens, und komme verstimmt zurück zu meinen Geschäften; ich tändle die Stunden weg, und mit ihnen entflieht manche glückliche Idee zur Beförderung des allgemeinen Wohls, auf die mich Nachdenken und Umsehen in Geschäften geleitet hätte. Jeder meiner Unterthanen darf mir diese verlorne Stunde anrechnen, denn sie gehört ihm durch einen heiligen Vertrag!

Die ganze Natur geht fort in ununterbrochener Thätigkeit! Wenn der Geist einmal schlummerte, der ihre ewigen Kräfte in Bewegung setzt, welche nachtheiligen Folgen würden daraus entstehen! Folgen, die eine verdoppelte Wirksamkeit nicht mehr verbessern könnte. Und ist es anders in dem Triebwerk der Staaten? Wer nicht vorwärts geht, geht zurücke! Wer stehen bleibt auf dem Weg zum Ziele, verliert immer, denn er muß alsdann seine Kräfte überspannen, und dies giebt Erschlaffung — Eine Lehre, die Könige nie vergessen sollten!

Dieser Tag sey mir nicht verlohren! Ich will genau meine Zeit abwägen, sie gehört nicht mir, sondern meinem Volke. Die Ettiquette hat weniger Ansprüche darauf, als der ärmste meiner Unterthanen. Die rauschenden Vergnügungen des Hofs gehen mich nichts an; mein Vergnügen liegt in der Erfüllung meiner Pflichten. Die Vorsicht hat mich über Millionen meiner Brüder erhoben; es ist also billig, daß ich ihre Wahl rechtfertige. Wer den Gipfel des Felsen ersteigen will, darf nicht unter den Blumen des Thals weilen: wer nicht Muth hat zu entsagen, der ist auch nicht werth zu herrschen.

Die Augenblicke gehen langsamer vorüber, wenn man sie zu dem Glücke Anderer verwendet: man sieht ihnen nach, ohne Reue, ohne den marternden Wunsch, sie zurückfordern zu können!

Wer die Zeit mit Thaten bezeichnet, dem gelingt es gewissermaßen, sie in ihrem

Fluge festzuhalten. Süße Erinnerung schwebt um die Denkmale menschlicher Glückseeligkeit.

Am Abend.

Mein Tagewerk ist vollbracht — wie beruhigend ist es, darauf hinzusehen, wie süß ist es, von Wohlthun auszuruhen, wie erquickend ist der Schlummer, der mich bei dem Bewußtseyn überfällt, daß ihn Millionen durch mich auch ruhig genießen.

Wie fürchterlich muß der Schlaf eines Tyrannen seyn! Seine Phantasie zeigt ihm die Bilder von Elend und Verzweiflung! Er hört das Jammern der gekränkten Unschuld, deren Blüte er zerstöhrte, hört die Seufzer des Weisen, der im dunklen Kerker schmachtet, das Aechzen verlaßener Waisen, die umsonst Schutz von ihm flehen, das Stöhnen der Sterbenden die auf dem Schlachtfelde für seinen Ehrgeitz bluteten: umsonst wirft er sich in die Arme der Wollust, um die Stimme seines Gewissens zu betäuben; es ist nirgends Ruhe für den, der sie nicht in sich selbst finden kann — Phantome quälen ihn in Träumen; er erwacht in schrecklicher Erschlaffung.

Wohl mir, daß dies Bild nicht das Meinige ist!

Ich kann mir, ich kann dir, Allsehender! Rechenschaft geben von diesem Tage, ohne zu erröthen, so wie ich sie einst zu geben hoffe am Ende meiner Laufbahn. Ich kann mich ruhig in die Arme des Schlafs werfen, denn für mich wacht die Liebe meiner Unterthanen.

Mein Bestreben sey — am Ende jedes Tags, der noch für mich in dem Buche

des Schickſaals aufgezeichnet iſt, ſagen zu
können: Ich habe ihn gelebt!

Vor der Tafel.

Mäſſigkeit ſey die Geſährtin meines Lebens, bei jeglichem Genuſſe.

Der Weiſe nimmt ſparſam die Gaben
aus den Händen der Natur, und iſt
glücklich! Der Schwelger ruft die Kunſt
zu Hülfe, und darbt mitten im Ueberfluſſe.

Ich kann den Saft von beiden Indien
auf meine Tafel ſetzen laſſen, die Neſter
von Cochinchina, und den Trank der am
Vorgebürge der Hofnung reift: Aber wür-
den ſich nicht in die goldenen Pokale die
Thränen meiner Unterthanen miſchen?
Würde ich nicht den Luxus durch ſchädliches
Beiſpiel befördern?

Wohl gab es Fürſten, die — um den
Gaumen von Weichlingen zu befriedigen,

ihren Unterthanen kaum Brod und Waſſer übrig lieſſen; die ihres Landes kraftvolle Jugend — verkauften, und ausländiſche Gewächſe — mit Menſchen bezahlten. — Aber von ihnen wendet die Menſchheit ihr thränendes Aug weg, und ein ſchwarzer Strich bezeichnet ihren Namen in der Geſchichte.

Der ſinnliche Menſch iſt nie der Entſagung fähig, die ſich Fürſten oft gefallen laſſen müſſen, wenn ſie das Glück der ihrigen am Herzen tragen; er iſt nie groſſer Unternehmungen fähig, und ſelbſt ſeine Tugenden tragen den Stempel ſeiner Schwäche.

Ein Volk wird weichlich wenn es ſeine Könige ſind, und ein weichliches Volk iſt eine Horde von Sklaven. Darum führte Xerxes einſt bei den Babiloniern Ueppigkeit und Weichheit der Sitten ein, um ſie ganz zu zernichten: ein nüchternes Volk wäre auch in Ketten frei geweſen.

Auch hierin sey Friedrich II. mein Vorbild! Er der in dem Laufe eines mühevollen Kriegs oft Brod und Wasser mit dem Soldaten theilte, der vielleicht darum nur Herr seiner Leidenschaften war, weil er mäßig lebte!

Auch bin ich ja nicht berechtiget die Schätze meiner Unterthanen zu vergeuden: weiser Gebrauch ist alles, was mir verstattet ist. Und sind sie glücklich, muß der Landmann das Feld nicht für andre bestellen, und selbst darben; hat der Bürger so viel, um den Armen nicht weinend von sich gehen zu lassen; lebt der größte Theil meiner Untergebenen in jener glücklichen Mittelmäßigkeit, die gleich entfernt ist von Ueberfluß und Mangel, die vielleicht am zuträglichsten ist zu der Ruhe des Lebens: O dann werd ich auch beim sparsamsten Male zufrieden seyn.

Bei der Lektür der geheimen Briefe, der Briefe von Mirabeau, ꝛc.

Könige sollten die Stimme des Privatmannes nicht über sich richten lassen? — Sind sie mehr als Menschen? und steht nicht jedem seine Meynung frei über Dinge, die Menschenglück betreffen?

Die Zeiten sind nicht mehr, wo man es für nöthig hielt, einen Nimbus von Unfehlbarkeit um die Throne zu zaubern! Man darf es laut sagen, daß auch Könige Menschen sind, denen bisweilen etwas menschliches unterlauft. Sie gewinnen hierbei; denn der Mensch ist dem Menschen näher, als dem Halbgotte, und ist nachsichtiger gegen seine Fehler.

Sey's, daß mitunter gar seltsame und schiefe Urtheile herauskommen, daß Mirabeaus über Dingen sprechen, die sie nicht verstehen, und Handlungen tadeln, deren

Beziehungen sie nicht einzusehen vermögen: Die Wahrheit gewinnt durch Widerspruch, und keine Lüge kann bestehen, wenn gegentheilige Folgen eintreten.

Wie leicht kann der Schmähungen anhören, den sein Bewußtseyn schützt! Vertheidigung wäre hier gegen seine Würde — er wandelt fort bis zum Ziele, und hinterläßt seine Rechtfertigung in seinen Thaten. Die Apologie der Fürsten ist die Geschichte! Wenn er selbst nicht mehr ist, wenn die Schmeichelei verstummt, und die Scheelsucht ihre Blicke auf andre Gegenstände heftet, denn tritt die Wahrheit hervor, und wiegt Handlungen nach ihrem innern Gehalte, forscht nach dem Zusammenhange der Dinge, und trennt oft das weit, was dem Kurzsichtigen Ursache und Wirkung geschienen hatte. Zwar könnt' ich die öffentliche Stimme unterdrücken, mit einem Federzug die Publizität zernichten! Doch dies hieße ja gerade bestättigen, was hier und da misvergnügte, oder kurzsichtige, oder bestochene Tadler sagen. Und würden sie nicht immer im Verborgenen Wege finden, ihre Meynungen auszustreuen? Und kann ich auch über das innere Urtheil gebiethen? Kann ich der Stimme des Herzens zu schweigen befehlen?

Könige müssen sich der öffentlichen Prüfung unterwerfen, denn jeder aus dem Volke hat ein Recht an sie, steht mit ihnen im unmittelbaren Verhältnisse. Und warum sollte auch der Bürger geduldig zusehen, wenn der Fürst schwelgt in den Schätzen des Landes? wenn er dem Vergnügen nachjagt, und die Sorge für das Wohl des Unterthans feilen Miethlingen überläßt? wenn er muthwillig den Vertrag zerbricht, statt der Schützer des Landes zu werden, sein Tyrann wird. Wenn Pfaffen und Maitressen ihn beherrschen, und das Mark seines Landes aufzehren? Der Fürst ist es ja nur, weil der Ungerthan es will! Jene Zeiten sind nicht mehr, wo man Könige als Abkömmlinge höherer Wesen ansah, wo die Schmeichelei sie vergötterte, und Dummheit ihnen den Rücken zum Fußschemel darbot! Sie waren zu sehr Menschen, als daß man sie länger für Götter hätte ansehen können. Unstreitig ist dies Gewinn für uns! Man begreift nun auch, daß wir bei dem besten Willen nicht immer das Beste wirken können, man rechnet uns unsere Tugenden höher an, und übersieht nachsichtsvoll unsere Schwächen. Wir sind gewisser der Liebe unsres Volkes, denn der Mensch schmiegt sich lieber an den Menschen an, als an den Halbgott.

Mensch bin auch ich! O daß ich nie mehr und nie weniger seyn möchte! alle Läsierungen müssen verstummen wenn einst die Geschichte unter meinem Namen schreibt: — Ein Fürst, der Mensch war!

Bei Gelegenheit des einreissenden Luxus.

Leider ist die Aufklärung unsrer Tage nicht viel mehr, als verfeinerte Sinnlichkeit. Wir sind zu weit von der Natur abgekommen, um weise zu seyn, um Geschmack zu finden an Einfalt und Wahrheit. Es vermehren sich täglich die Bedürfnisse, und täglich steigt auch das Verderbnis der Sitten. Nur das Volk ist ganz glücklich, das sich einschränkt auf seinen mütterlichen Boden, das nicht mehr fordert, als die Natur ihm freiwillig darbiethet, das wie durch eine Scheidewand getrennt lebt von der übrigen Welt.

Der Handelsgeist reißt diese Scheidewand nieder — durch den Verkehr mit fremden Völkern vermischen sich die Sitten; mit den Produkten des Auslandes werden nicht selten auch seine Laster eingeführt;

man lernt Bedürfnisse kennen, deren Befriedigung weich und entnervt macht, und Manchem, der sonst in glücklicher Einfalt und Nüchternheit lebte, seine ganze Zufriedenheit kostet.

Und doch ist bei der wachsenden Bevölkerung dieses allgemeine Treiben und Wirken nothwendig. Sollte indeß nur der Luxus stark genug seyn, das Rad der Thätigkeit im Umschwunge zu erhalten?

Ich erinnere mich, daß der alten Dichter einer bei Gelegenheit, wo seine Landsleute in einer ähnlichen Lage sich befanden, mit wenigen Worten dieses Problem gelöset habe.

„Luxus soll das Geld in Umlauf bringen, sagt er, soll die allgemeine Thätigkeit erhalten? Gut! Unterstützt den Armen, der darbt; baut die Tempel der Götter, die im Schutte liegen; verschönert Wüsten, befördert nützliche Unternehmungen."

In der That — warum wollen wir die Erfindungen der Mode und Verfeinerung als Mittel brauchen, da das Mittel vielleicht schlimmer ist, als das Uebel dem dadurch gesteuert werden soll? Erschlaffung ist die Folge, und ein weichliches, erschlaftes Volk wird zuletzt auch ein unthätiges Volk. Wie leicht ist es, der Geschäftigkeit der Menge eine andere Richtung anzuweisen! Wie viel ist noch zu thun für die Verschönerung der Erde, für das Wohl ihrer Bewohner! Wie manche Wüste trauert noch, daß der Fleiß ihr nie sich näherte, daß kein freundliches Grün ihren Boden deckt! Wie oft sieht der Wanderer in mancher Gegend umsonst nach einer Quelle, umsonst nach einem Baume, der ihn schützte vor der Mittagsglut! Wie manches elternlose Kind irrt umher ohne Aussicht ohne Unterstützung — in ihm geht ein nützlicher Bürger zu Grunde, noch glücklich, wenn nicht Verwahrlosung es zum

Bösewicht macht. Noch fehlt es an Zufluchtsörtern für gefallene Mädchen, wo sie sich — getrennt von der Welt und der Verführung — wieder erheben könnten zur Tugend! Noch giebt es keine Stätte für den Unglücklichen, der abgeschieden von Menschen keine Forderungen mehr macht an die Welt und das Glück; der verstimmt ist für alle Freuden des Lebens, und den letzten Rest seiner Tage in stiller Entfernung hintrauern möchte. Kunst und Wissenschaft haben noch mit Nahrungssorgen zu kämpfen; so manche wohlthätige Einrichtung ist noch frommer Wunsch. — Hier lassen sich Millionen anwenden, hier lassen sich die Hände von Millionen beschäftigen — diese Thätigkeit ist edel, denn sie befördert Menschenglück.

Der Luxus zerstöhrt immer! Selbst aus ländlichen Hütten verdrängt er Unschuld und Einfalt der Sitten. Aufklärung baut auf, durch sie will ich jenen zu verdrängen suchen. Sie wird mein Volk aufwecken aus dem dumpfen Schlafe, in den es Abspannung der Sinne versetzte, sie wird den Bürger nützliche Thätigkeit lehren, nützliche Verwendung seiner Schätze. Sie allein kann den Nerv für Größe und Wahrheit stählen, kann uns wieder zurückführen auf die Wege der Natur, von denen Verfeinerung ablockt. Sie allein lehrt ein Volk glücklich seyn, indem es dasselbe Nüchternheit und Mäßigkeit lehrt.

Betrachtungen über Aufklärung.

Aufklärung heißt die Einsicht in den wahren Werth der Dinge. Sie ist dem Staate unentbehrlich, der das lautere Glück seiner Bewohner zur Absicht hat. Schon die Geschichte predigt diese Lehre. Was war Deutschland, da man noch vor Roms Bannflüchen zitterte, und vor den Gerippen frommer Schwärmer die Kniee beugte? Deutschlands kernhafte Jugend wanderte aus zu Kreuzzügen, und sengte und plünderte um Gotteswillen, und kam zurück siech und entnervt, in der Begleitung fremder Laster! Mangel an Aufklärung erzeugte das Faustrecht, unter den Ferdinanden die Liga, und reizte Deutschlands Söhne, zu wühlen im Eingeweide des Mutterlandes! Unbegraben lagen die Gebeine des Guten Heinrich IV. weil ein gewinnsüchtiger Priester ihm geflucht hatte, der Sohn zerriß die heiligen Bande der Natur zwischen sich und seinem Vater, weil ein Priester sich setzte an Gottes statt. Wozu brachte Aberglaube und Priesterherrschaft den Spanischen Philipp II? Flandern riß sich von ihm ab, und rächte die Grausamkeit des Henker Alba und seiner Diener, der Inquisitoren; selbst Potosis Minen und die Gruben von Chili erschöpften sich — er machte ein unglückliches Volk, und dafür flucht die Nachwelt seinem Andenken. Was ist Spanien noch jetzt, dieses Land, dem Natur und Glück so freundlich lächelten? Oed liegen seine Ländereien, der Fleiß trauert und flieht vor dem Rauche der Scheiterhaufen; der Garten, der unter dem welsen Olavid zu blühen anfing, ist nun wieder verwildert zur scheußlichen Wüste, und so stellt jedes Land, in dem Barbarei und Aberglaube herrschten, ein trauriges Bild ihrer Folgen — des Elendes und der Verwüstung

bar. Sollt' es noch eine Frage seyn: ob
Aufklärung nützlich ist? Wie sicher
sitzt der Fürst auf seinem Throne, wenn
aufgeklärte Männer ihm zur Seite stehen,
wenn der Bürger den Werth seiner Verhältnisse kennt? Wenn der Weise die Stimme laut erheben darf gegen Wahn und
Dummheit? Freilich hat die Aufklärung
ihre Grenzen. Es giebt wenige Wahrheiten, die allgemein faßlich, und
allgemein nützlich sind, und nur
solche gehören für den allgemeinen
Umlauf. Nicht als ob für gewisse Wahrheiten ein Monopol statt haben könnte und
müßte! Aber wozu dem Landmann etwas
beibringen was er doch nicht ganz fassen
kann, was auf sein Wohl keine Beziehung
hat? Jeder Mensch hat seinen angewie-
senen Wirkungskreis, wenn er diesen auszu-
füllen versteht, wozu soll ihm alles übrige,
und warum will man blöde Augen zwingen
in ein Licht zu sehen, von dem sie noth-

wendig erblinden müssen? Wie oft grenzen Wahrheit und Irrthum aneinander, und der Schwache verliert sich unmerklich über die Grenze?

Nicht jede Täuschung ist zu verachten, wenn sie nicht auf unsre Glückseeligkeit nachtheiligen Einfluß hat. Es giebt einen Optischen Betrug in der physischen Natur, der uns sehr wohl thut, warum sollte nicht das nehmliche in der moralischen statt haben?

Der Landmann, der die Sonne mit unbewaffnetem Auge sieht, als ein wohlthätiges Gestirn, das ihm leuchtet, ihn erwärmt, und die Früchte seines Feldes reift, hat unstreitig mehr Vergnügen an ihrem Anblick als der Astronom, dem sie als ein ungeheurer Körper erscheint, und der ihr Wärme und Einfluß abspricht. Fromme Einfalt ist oft die Pflegerin stiller, häußlicher Tugenden.

Es giebt hinwieder Vorurtheile, an die sich eine Reihe von Wahrheiten anlehnt: nimmt man jene hinweg, so fallen diese zusammen. Hier ist weise Duldung nothwendig, eine Duldung die selbst der große Menschenlehrer empfiehlt, wenn er räth, das Unkraut stehen zu lassen, damit nicht der Waitzen zugleich ausgerissen werde.

Manche Wahrheiten sind zu stark für manche Menschenschulter, und wer von Jugend auf an das Gängelband gewöhnt ist, wird schwerlich stark und gerade gehen lernen im Alter. Dem Lahmen seine Krücken lassen, ist auch Aufklärung.

Klein ist das Geblethe der Wahrheiten, groß jenes der Wahrscheinlichkeiten und Träume. Soll man hier dem anders denkenden Meynung für Meynung aufdringen?

Schon hieraus ergiebt sich, wie behutsam man bei der Aufklärung zu Werke gehen müsse. Eine übereilte Aufklärung ist oft gefährlicher, als Barbarei, und führt oft zu jener hin. Wenn man einem Volke seine Irrthümer nimmt, ohne ihm zugleich etwas bessers dafür zu geben, so bleibt ihm gar nichts mehr übrig. Köhlerglaube und Unglaube grenzen dicht aneinander.

Jene Wahrheiten, die allgemein verbreitet werden müssen, sind leicht aufzufinden — es sind die allgemeine Mittel zur Glückseeligkeit. Zum Glücke für die Menschen hat diese der Schöpfer in jedes Menschenherz geschrieben. Religion gehört hierunter: sie bezeichnet die Verhältnisse zu unserm Schöpfer, sie hat Motive zur Erfüllung unserer Pflichten, die tief wirken. Das Schlimmste ist, daß gerade die erste Quelle der menschlichen Glückseeligkeit so sehr getrübt, mit dem Schlamme vieler Jahrhunderte so tief angefüllet ist. Leider, ist es einmal so, daß die Mittel, welche Menschenwohl zu befördern, die geschicktesten sind, am leichtesten mißbraucht werden können. Der Polytheismus hat in Griechenland und Rom das Unheil nicht angerichtet, was die Christliche Schwärmerei seit achtzehnhundert Jahren in allen Welttheilen. Wer erkennt Christus noch in Dominiks Lehren, und in Hildebrands Bannflüchen? Wer findet ihn nur noch in den Systemen der Theologen? Sie wollten mehr wissen, als Christus, darum komentirten und verdrehten sie seine Lehre, und sie wußten in der That mehr! denn von den dogmatischen Problemen und mystischen Andächteleien findet man nichts bei ihm. Er predigte Liebe, und sie errichteten Scheiterhaufen, er hieß die Pflichten seines Standes erfüllen, und sie zählten davon los, er zeigte den Weg zum Himmel, und sie schlossen den zur Hölle auf — aber er kam auch, um Menschen glücklich zu machen, und sie lehren aus Eigennutz.

Hier aufklären ist vielleicht mehr, als Menschenkräfte vermögen. Zum Glück liegt der Comentar zu Christus Lehre in dem Herzen eines jeden, sein Pfad ist der Pfad der Natur und Wahrheit. Wenn die Menschen nur wieder so weit sind, daß sie den wahren Werth der Dinge von dem verabredeten, eingebildeten, zu unterscheiden vermögen, dann werden sie von selbst Christus einfältige Weißheit wieder finden, werden fühlen den Trost, den er verheißt, die Beruhigung, die aus seinen Grundsätzen fließt — jedes Vorurtheil wird zerstieben, und hell und unbefleckt wird die Wahrheit in neugebohrnem Glanze strahlen.

Bei Besuchung des öffentlichen Gottesdienstes.

Die öffentlichen Gottesverehrungen gehören zwar nicht zum Wesentlichen der Religion, aber ihr Einfluß auf den Volkskarakter ist zu beträchtlich, als daß sie nicht alle Aufmerksamkeit verdienen sollten. Hier allein behauptet noch die Redekunst ihre Wirksamkeit auf das menschliche Herz, bringt nützliche Wahrheiten in Umlauf, und entwickelt den Keim mancher guten Empfindung: Hier dünkt man sich der Gottheit um so viel näher, und fühlt sich besser in ihrer Gegenwart: hier fallen die Unterschiede des Standes und der Erziehung weg, die Menschen denken sich eine Familie die versammelt ist um ihren Vater, ihre Herzen öffnen sich der Liebe und dem Wohlwollen — ein festeres Band knüpft sie zusammen, sie kehren zurück mit dieser Stimmung, die sich noch in dem thätigen Leben fort erhält, und jenen schönen Einklang hervorbringt, der die Basis der allgemeinen Glückseeligkeit ausmacht.

Auch dem Fürsten ist es Pflicht, den öffentlichen Gottesverehrungen beizuwohnen — theils um des Beispiels willen, theils auch, weil dies ein Mittel ist, das Zutrauen seines Volkes zu vermehren. Er schließt sich hier näher an an seine Unterthanen, zeigt, daß er seine Abhängigkeit von einem höhern Wesen fühle, daß er die Wichtigkeit seiner Pflichten kenne, daß ihm ihre Ausübung heilig seye.

Freilich hat der öffentliche Gottesdienst das mehreste von seinem Einflusse verlohren. Die Frivolität unserer Tage äussert sich auch darinn, daß sie gegen alles gleichgültig macht, was auf das Wesen oder die Form der Religion irgend eine Beziehung hat. Die Besuchung einer Predigt gehört

unter die alten Moden: der läuft Gefahr
lächerlich zu werden, der sie noch mitzu-
machen wagt. Der kleine Theil, der von
diesem Ton nicht angesteckt ist, der sein
Herz rein und unverstimmt erhalten hat,
der aber dabei etwas heller sieht, läßt sich
durch den lithurgischen Theaterputz abschrecken, mit dem Eigennutz und Aberglaube
die Gottesverehrungen noch allenthalben
umhängen. Die ersten wird mein Beispiel leiten, für die letztern wäre Verbesserung des innern und äussern Gottesdienstes hinreichend, sie zum Besuche
desselben aufzumuntern, so wie diese Verbesserung überhaupt nothwendig ist, wenn
der Zweck der Gottesverehrungen nicht ganz
verlohren gehen soll.

Die Menschen sind nur zu sehr geneigt,
die Form in der Religion für das We-
sentliche derselben zu nehmen: vielleicht,
weil der große Haufe mehr von sinnlichen
Eindrücken abhängt, vielleicht auch, weil

es bequemer ist, zu singen und zu beten als — rechtschaffen zu handeln. Die Priester finden ihren Vortheil hierbei: dies ist der gerade Weg, um Schwärmer zu bilden, und Schwärmerei ist ein herrliches Gängelband, um Schwachköpfe zu leiten, wie und wohin man will.

Hier muß die Aufklärung mit ihrer wohlthätigen Verbesserung anfangen, denn hier liegt die Hauptquelle des menschlichen Elendes und der menschlichen Glückseeligkeit. — So lange man Religion als Gelehrsamkeit behandelt, Christus Lehren verunstaltet mit Wörterkram und Spitzfindigkeiten der Schule, so lange mystische Schwärmerei für religiöses Gefühl gilt, und Glaube an symbolische Bücher für Christenthum: — so lange das Aeussere des Gottesdienstes Prunk ist, der die Sinne täuscht, und den großen Haufen auf unrichtige Vorstellungen von der Sache selbst bringt, so lange — ist das Ganze

mehr schädlich als nützlich. Weise Maas-
regeln können diesem Uebelstande nach und
nach abhelfen. Religion soll nichts anders
seyn, als reine Glückseeligkeitslehre! Dies
ist Christus Religion vor allen andern: ihr
Trost stammt vom Himmel, ihre Grundsätze sind wohlthätig und erwärmend.
Wenn die Priester durchdrungen sind von
ihrem Geist, von dem Geiste ihres Leh-
rers, wenn sie nicht mehr zu Problemen
des Verstandes machen, was für das Herz
gehört, nicht Glauben predigen für Handlung, nicht Spitzfindigkeiten für Tugend:
wenn sie als Menschen zu Menschen sprechen, verzicht thun auf ein Richteramt,
welches sie so lange usurpirten, wenn sie
nicht mehr die nachgemachten Schlüssel zum Himmel und zur Hölle vorzeigen
und Hypotheken auf ein Reich ausstellen,
das unter die terras incognitas gehört:
wenn sie das durch ihr Leben bestättigen,
was ihr Mund lehrt: — wenn auch das

Aeussere geschickt ist, innere Empfindungen zu erregen, und zu unterhalten; mit einem Wort: wenn man lernt Gott im Geiste und in der Wahrheit anbethen, dann ist Gottesverehrung würdig des Schöpfers, würdig aufgeklärter Menschen, dann ist sie, was sie seyn soll, Quelle von Zufriedenheit. Sie zu dieser reinen Höhe zu erheben, sey mein Bestreben! dann wird der frivole Weltmann wider willen sich durchdrungen fühlen von ihrem Werthe, und der Weise nicht mehr mit Unmuth und Bedauren die Stätte verlassen, die man bis jetzt noch meistens mit heiligen Possenspielen entehrt.

Bei Gelegenheit der Verschönerung einiger Gegenden.

Es ist Pflicht eines guten Vates, für das Vergnügen seiner Kinder zu sorgen. Dies thut der Vater der Menschen in seiner Schöpfung! Jedem Geschöpfe hat er seinen Theil von Freuden zugemessen, und den Menschen ohne Unterschied! Für den Armen, wie für den Reichen schmückt sich die Natur, beiden bringt der Baum seine Früchte, beide erfrischt des Abends Kühle, erquickt der Duft der Blume — die Sonne geht auf für Alle, und der Mond scheint durch die Bäume des Landmanns, wie in den Pallast des Königs.

Auch meine Pflicht heischt es, für das Vergnügen meiner Unterthanen ohne Unterschied zu sorgen. Tausende haben keinen eignen Schatten, der sie aufnimmt in der Schwüle des Tages, wo sie wandeln können an frieblichen Abenden: ich kann mit geringen Summen Schattengänge aus der Sandwüste rufen, und Lauben pflanzen lassen, und Quellen leiten wo der müde Wanderer sich erfrische, wo der Freund mit dem Freunde ausruhe von dem Geschäfte des Tags, wo Scherz und Geselligkeit wohne, und die Menschen einander näher bringe.

Welch ein süsser Anblick ist es, das Gewühl von tausend frohen Menschen zu sehen, die sich freuen ihres Daseyns, und sich dabei sagen zu können — dieses Vergnügen ist mit mein Werk!

Die Verschönerung öffentlicher Plätze und Gegenden hat noch andre große Vortheile. Die reine Luft die hier wehet, stärkt Geist und Nerv, und erhöht das Gefühl für die Schönheiten der Natur. Der Mensch, der die Natur liebt, der gern in stillen Schatten wandelt, und auf blühenden Fluren, gern das Gesumm

und Gezwitscher hört, und dem Weben im
Dorngenifte zusieht, und da ahndet den
Geist des Allsehenden und Allwirkenden. —
dieser Mensch hat auch ein Herz, das für
Menschenglück schlägt, er liebt Einfalt
und Wahrheit. Ueberhaupt macht der
Hinblick auf die Natur die Menschen sanfter, gefühlvoller, duldsamer; er mildert
ihre Sitten und ihre Leidenschaften, und
macht sie empfänglich für die Vergnügungen der feinern Sinne.

Auch dem Fremden der zum Erstenmale
ein Land betritt, ist der Anblick der verschönerten Gegenden ein Beweis, daß da
Geschmack und Freiheit herrsche, so wie
öde, verwilderte Gegenden ihn auf Despotismus und Mangel an Kultur schließen
lassen —

Und wie wenig kosten nicht diese Vortheile! — Sie kosten mir wohl gar nichts,
denn die Schätze des Landes sind nicht mein
Eigenthum! Ich bin verbunden, sie gut

zu verwenden, und wie könnt' ich dies besser, als indem ich dadurch das reelle Vergnügen meiner Unterthanen befördere.

Betrachtungen über den Krieg.

Auch der gerechteste Krieg kann nie so viel Gutes hervorbringen, als er nothwendig Uebels stiftet; auch der gerechteste Krieg zerstöhrt die Glückseeligkeit eines Landes und verderbt die Sitten seiner Bewohner.

Wehe dem Volke, dessen Fürst vom Eroberungsgeiste beseelt ist! Seine Herrschaft ist glänzend von aussen, drückend von innen! die kraftvolle Jugend des Landes stirbt auf dem Schlachtfelde, Städte und Dörfer werden zu Schutthaufen, blühende Fluren zu Wüsten! Jahrhunderte

vermögen nicht, die durch Kriege ge-
schwächte Kraft eines Landes wieder herzustellen — noch blutet Schweden an den
Wunden welche der XII Karl ihm schlug,
noch stehet Deutschland durch seine Reli-
gionskriege um einige Stufen tiefer auf der
Leiter der Kultur. Es ist größer, Tausende in Ruhe und Eintracht glücklich erhalten, als Millionen sich unterwerfen,
und das Blut von Tausenden verspritzen.

Wehe dem Fürsten, der seine Trophäen
auf Gräbern errichtet! Ihn wird das Röcheln der Sterbenden aufwecken in schauer-
lichen Nächten, Verzweiflung wird ihn
ergreiffen, wenn seine letzte Stunde naht,
und der Richter über Könige das ihm anvertraute Glück von Millionen von seinen
Händen fordert! Selbst der Ruhm wird
ihm nicht werden bei der Nachwelt, um
dessentwillen er das Schwert ergriff — die
Menschheit steht weinend an dem Grab-
stein eines Eroberers, und die Geschichte

schreibet die Namen eines Alexanders, Ludwigs XIV. und Karls XII zu den Namen der Neronen und Donquischotten.

Noch unglücklicher ist jenes Land, dessen Fürst — zu feig, oder zu schwach, selbst Krieg zu führen, seine Unterthanen an fremde Herrschgier verkauft — Menschen, die durch einen heiligen Vertrag ihr Glück seinen Händen vertrauten, die es berechtigt sind, ihre Freiheit — nicht als Geschenk, sondern als Eigenthum von ihm zu fordern. Es ist eine Schande für Deutschland, für dessen Freiheit neulich ein heiliger Bund errichtet ward, daß noch in unsern Tagen seiner Fürsten einer es wagen darf, die Rechte der Menschheit zu zerreissen, das Glück seines Volkes für fremdes Geld hinzugeben, und die Söhne seines Landes zu verkaufen, wie seine Kinder. Wärlich der Genius von Deutschland muß traurend auf solche Scenen niederblicken, und der Ausländer findet dadurch seinen Vorwurf gerechtfertigt, wenn er uns sagt: der Deutsche verkauft sich selbst für Gold.

Freilich giebt es so manchen Fall, wo auch der menschlichste Fürst gezwungen ist, die Waffen zu ergreiffen — die Verfassung von Europa ist so beschaffen, daß die geringste Veränderung der politischen Verhältnisse für die Ruhe eines Staats gefährlich werden kann. Oft schon — seit Karl dem Großen träumten Eroberer von einer Universalmonarchie — der Umschwung einer so ungeheuren Masse würde das Glück der Unterthanen zermalmen, — In solchen Fällen ist es Pflicht für den Schwachen zu stehen, seine eignen Rechte und die Rechte verbrüderter Völker zu schützen.

In solchen Fällen stellte sich Friedrich II. an die Spitze seines Heers, und darum nennt die Geschichte seinen Namen nicht unter den Eroberern, sondern unter den Wohlthätern der Menschheit! Er zerriß die Fessel, die von Norden und Süden aus

bereiteit wurde, und seine Lorbeeren
waren nicht befleckt mit dem Blute der
Unschuldigen. — So stritt einst Her-
mann für Vaterland und Freiheit, so
Gustav Adolf gegen Ferdinands
Despotismus. An ihren Bildern wird nie
ein Eroberer weinen, aber dankbar wird
der Patriot ihre Asche segnen, und der
Weise mit Ehrfurcht weilen an ihren
Denkmalen.

Wenn die gekränkten Rechte der Natur
und der Menschheit mich fordern, dann —
aber nicht eher — will auch ich das
Schlachtfeld aufsuchen, nicht um Lorbeern
zu brechen, nicht um meine Länder zu er-
weitern, sondern um Gerechtigkeit zu üben:
darum gab der Ewige die Macht in unsre
Hände, damit wir sie der Gewalt entgegen
stellen und die Wehrlosen schützen sollen.

Freilich ist es immer weiser, durch
Politik die Ruhe zu erhalten, als sie durch
Kriege herzustellen: denn die Folgen des

letztern sind zu schrecklich). Es ist nicht allein der Verlust an Menschen, es sind nicht blos die verwüsteten Saaten des Landsmanns, seine rauchenden Wohnungen die den Menschenfreund davon zurückschaudern machen; schrecklicher noch sind die moralischen Uebel, welche ihn begleiten. Was Frankreichs Krieger einst zerstöhrten, ist wieder aufgeblüht; sie selbst drängte Ferdinands *) mächtiger Arm in ihre Grenzen zurück: aber noch schleicht da und dort das Gift ihrer Sitten, noch leiden wir an der Weichlichkeit und Entnervung, die sie zurückliessen, noch pflanzen sich die Laster fort, die sie unserm Blute einpfropften. —

Diese Vorstellungen müssen mich leiten, wenn Nothwendigkeit oder Launen mich je reitzen sollten, das Schwert zu ergreifen! Gerne will ich auf den Namen eines Helden verzicht thun, und mich mit dem schönern Titel — eines Vaters meines Volkes begnügen.

*) Von Braunschweig.

Bei Vertheilung einiger Geldsummen in die Provinzen.

Ein König ist reich, wenn sein Volk es ist, und er sollte nie mehr von ihm zur Abgabe nehmen, als er zu seinen Bedürfnissen braucht. Das Uebrige ist ein Schatz, der dem Staate gehört, und verwendet werden muß zum Wohl desselben. Verschwendung ist doppelt schändlich an einem Fürsten, theils wegen des Beispiels, theils und hauptsächlich, weil er das Eigenthum eines Andern (des Staates) verschwendet. Eine Sünde, die sich so manche zu Schulden kommen lassen! — Wie oft werden Tausende hingeworfen an Günstlinge und Maitressen, wie oft sprudelt der Reichthum einer Provinz in den Bechern an der Tafel, oder fliegt auf in einem Feuerwerke — Neue Auflagen beschweren das Land, und der Unterthan hat oft kein Brod und Wasser übrig, um sein mühevolles Daseyn

fortzuschleppen — und wofür? um das
erarbeiten zu können mit seinem Schweiße,
was am Hofe in schwelgerischer Ueppigkeit
verzehrt wird. Leider hat auch Deutschland seine Beispiele! darum wandern
Tausende aus von ihrem mütterlichen Boden, und suchen unter einem fremden
Himmel Sicherheit des Eigenthums und
ruhigen Genus ihres Erwerbes! darum
gährt da und dort der Bürgerhaß so schrecklich auf gegen den Despotendruck!

Ich will nicht in diese Reihe gehören!
Hier sind Millionen, die ich verwenden
könnte zu üppiger Lust; aber ich will mir
damit ein höheres Vergnügen erkaufen —
das Glück und die Liebe meiner Unterthanen. Ich will den Landmann unterstützen,
damit er seinen eignen Pflug auf das Feld
führen kann, will dem Handwerker seinen
Fleiß erleichtern, und die Armuth heraus-
reissen aus der dumpfen Unthätigkeit,
worinn sie schmachtet. Dem Weisen der

denkt und arbeitet für Menschenglück, will ich sein kümmerliches Leben erheitern — und auch mir werden Thränen fliessen, aber süsse Thränen, von Dankbarkeit geweint, die mein Andenken segnen.

Seys, daß ich mir darum manches versagen muß! Menschenglück wird wolfeil erkauft, wenn man es mit einer Handvoll Goldes erkaufen kann, und auch auf hartem Lager schläft's sich süß mit dem Bewußtseyn guter Thaten!

Wie erhebend ist der Anblick einer Menge, in deren Augen Thränen der Freude glänzen, deren froher Zuruf aus den Herzen kommt, die zum Himmel flehen um Seegen für ihren Wohlthäter! Ein solcher Augenblick ist es werth, daß man jedes schnöde sinnliche Vergnügen dafür hingiebt, ist es werth, daß man mit Aufopferung seiner Ruhe und seiner Kräfte — König ist.

ns? Wie wenig müssen Fürsten, die ihre
Unterthanen nur durch neue Auflagen an sich
erinnern, dieser edlen Wonne fähig seyn?
Wie wenig verdienen sie es, zu herrschen
über andere, da sie nicht den Willen oder
den Muth haben, sie glücklich zu machen!

Wehe ihnen! früh oder spät erwacht die
Stimme des Gewissens, früh oder spät
regt sich vielleicht in den Unterdrückten das
Gefühl ihrer Rechte, sie stehen auf und
fordern Rechenschaft von ihren Despoten.
Wie elend ist der Fürst, der die Liebe seines Volkes nicht besitzt, dann bezahlt er
zu theuer dieses Phantom von Hoheit und
Ehre! Er wird seines Lebens nicht froh!
Furcht vergällt den Becher, den die
Schwelgerei ihm beut, und er sucht umsonst sich selbst zu entfliehen in dem Gewühle der Zerstreuung! Uns selbst können
wir nie entfliehen, und wenn alles uns
verläßt, bleiben wir uns. Schrecklich,
wenn dann dieses Selbst verunstaltet ist,

wenn Körper und Geist siechen, wenn der Nerv fürs Gute und Schöne durchschnitten ist, wenn kein Gott mehr diese Wüste in uns umschaffen kann zum blühenden, fruchttragenden Garten — wenn wir die Hölle in uns selbst finden!

Ueber Günstlinge.

Fürsten haben selten Freunde, und können kaum welche haben, denn Freundschaft setzt Gleichheit des Standes voraus: sie stehen zu hoch, als daß sie den Freund zu sich hinaufziehen könnten, und sind meist zu sehr Fürsten, um sich zu ihm herabzulassen.

Der Freund findet in dem Freunde sein zweites Selbst: aber Fürsten scheinen zu einer ganz andern Gattung zu gehören; ihr Selbst muß sich gewissermaßen mit dem Ganzen identificiren, das sie beherrschen:

Freunde leben sich selbst; Fürsten dürfen nur für Andre leben.

Und doch ist der Drang, Jemand zu haben, den man liebt, dem man seine geheimsten Empfindungen vertrauen kann, so sehr Bedürfniß der menschlichen Natur! Das Vergnügen, das man allein genießen muß, ist nur halbes Vergnügen, und der Kummer drückt zwiefach, wenn ihn freundschaftliche Theilnahme nicht erleichtert.

Fürsten sollten Freunde haben, weil sie oft am unglücklichsten sind!

Zwar haben wir etwas, das ihre Stelle zu ersetzen scheint, aber auch nur scheint: — dies sind die Günstlinge — meist eine verächtliche Menschenklasse, die, wie Schmetterlinge, nur in der Sommerluft des Hofes ausdauern, sich schmiegen nach unsern Launen und Verdauungen, Schmerz und Freude auf der Zunge tragen, aber nichts im Herzen.

Wehe dem schwachen Fürsten, der an solchen Geschöpfen hängt! Sie werden seine Schwächen ausspähen, ihn in ein Labyrinth von Ausschweifungen leiten, und sich ihm unentbehrlich machen, weil sie den Faden hiezu in der Hand haben. Sie lieben den Fürsten nicht, wie könnten sie sein wahres Wohl am Herzen tragen? Sie kennen nicht den Werth des edlen, freien Mannes, denn sie verdingen sich an fremde Leidenschaften und Grillen. Ist der Fürst im Begriff, eine Ungerechtigkeit zu begehen? sie werden sie als Tugend preisen. Will er sich an den Gesetzen vergreifen? sie werden ihn glauben machen, daß er über die Gesetze sey. Den schlummernden Funken der Leidenschaft werden sie zur Flamme anfachen, und fällt es ihm ein, tugendhaft zu seyn, so ist ihnen auch die Rolle des Heuchlers nicht zu verächtlich. Warum sollten sie auch anders handeln? Ihr höchster Zweck ist — Ihr elendes Da

seyn zu sichern, für sie ist kein unbeschriebenes Blatt in der Geschichte, ihr Name
stirbt mit ihrer Existens.

Der Fürst büßt sogar für ihre Verge-
hungen. Sie kosten ihm die Liebe seines
Volkes, und die Nachwelt schreibt das
Böse, das sie bewirkten, auf seine Rech-
nung. Und dies mit Recht! Wer
schwach genug ist, sich von Andern gängeln
zu lassen, der verdient nicht Herrscher zu
seyn über Andre; und nur der Schwäch-
ling kann sich solchen Händen vertrauen.

Welcher Trost kann es einem Manne
seyn, der sich fühlt, Geschöpfe um sich zu
sehen, an denen jedes Gepräge abgeschlif-
fen ist, die jeden Karakter haben, und gar
keinen; bei denen man, wie bei dem aus-
geschlagenen Saitenspiele, jeden entspre-
chenden Ton voraus weis?

Statt dieser Pagoden gieb mir, ewige
Vorsicht! einen Menschen, der den König
nicht braucht, und den Menschen in mir

schätzt; der Muth genug hat, seinem Karakter treu zu bleiben, mir zu widersprechen, und mich zurückzuziehen, wenn ich Gefahr laufe, auf Abwege zu gerathen: einen Menschen, den der Nimbus der Hoheit nicht blendet, und der des Flitters nicht bedarf, mit dem Könige lohnen, weil er innern Werth kennt und besitzt; einen Menschen, der Menschenglück am Herzen trägt, der thätig ist für Andre, ohne einen Beifall zu fordern, als den das eigne Bewußtseyn giebt. Dieser Mensch sey mein Freund, mein Schutzgeist auf dieser schwindlichten Höhe, auf welche die Vorsehung mich gestellt hat — und fern von mir sey das Heer der Schmeichler und Günstlinge!

Bei der Revue.

Es ist traurig, daß nach der gegenwärtigen Verfassung von Europa so viele tausend nützliche Hände dem Staate entzogen werden müssen, daß so viele Tausende verzehren, ohne etwas zu erwerben. Dieses Uebel ist nothwendig und unabänderlich, so lange die Form der europäischen Verfassung — was der Himmel verhüten wolle! — nicht abgeändert wird. Aber ein zufälliges Uebel, welches hieraus für die Moralität entspringt, könnte vielleicht durch weise Vorkehrung gehoben werden.

Es ist ausgemacht, daß alle Gesetze — ohne eine allgemeine Sittenverbesserung wenig oder gar nichts taugen, und gerade der stehende Soldat ist es, der bei seinem Mangel an Beschäftigung das Verderbnis unter dem grosen Haufen immer mehr verbreiten hilft.

Diese grose Volksmasse besteht, zum Theile wenigstens, aus verwahrlosten Menschen, die, wie die Pflanze und das Thier — mechanisch und nach animalischen Trieben leben. Vaterlandsliebe und Freiheitssinn heben ihre Kräfte nicht mehr über die Schranken der Sinnlichkeit, denn Vaterland und Freiheit haben aufgehört zu seyn. Sie verdingen sich für Sold, und streiten — für die Launen der Könige. Von dergleichen Menschen hätten bei Termopülä nicht dreihundert gestanden gegen die ganze persische Macht, und hätten sich nicht dem gewissen Tode geweiht, damit Sparta frei seye bei schwarzem Brod und schwarzer Bruhe.

Diese Menschensumme zu guten Menschen umzuschaffen, ist vielleicht Unmöglichkeit, und geht nur in Republiken an, wo man die stehenden Soldaten entbehren kann: aber sollt' es auch unmöglich seyn, ihnen einen allgemeinen Sinn für gewisse Volkstugenden beizubringen, und sie so auf der Stufe der Kultur um ein wenig höher zu rücken? Die Beispiele ihrer Obern müßten hierin das meiste thun; Prediger könnten ebenfalls durch zweckmäsige Reden das ihrige beitragen, und auch Belohnungen für gute Handlungen würden nicht unzweckmäsig seyn. Gewisse allgemeine Feierlichkeiten und Feste müßten einen Menschenhaufen, der so sehr am Sinnlichen hängt, entschädigen für die niedrigern Ausschweifungen, und so, wie ihre Seelen die ersten Eindrücke eines edlern Vergnügens empfangen würden, müßte sich nothwendig die Anhänglichkeit an die Reizungen der gröbern Sinne vermindern — ein groser Schritt zur Veredlung des Volkskarakters!

Selbst das Schauspiel könnte hier seinen grosen Nutzen haben. Gute Handlungen machen mehr Wirkung, wenn sie gewissermassen vor unsern Augen sich zutragen, und die Moral dringt tiefer, wenn sie in Gemälden aus dem Leben anschaulich wird. Eben so verlieren Thorheiten und Laster gar sehr, sobald sie ein Gegenstand des öffentlichen Spottes werden. Mancher Mensch will lieber ein Bösewicht als ein Thor scheinen.

Leicht würde es mir seyn, diese Ideen zu realisiren, und so einen Schritt mehr zur Verbreitung der moralischen Kultur und der davon abhängenden moralischen Glückseligkeit zu thun. Tausende, die jetzt siech von Ausschweifungen dahergehen, würden den Werth der edlern Lebensfreuden schätzen lernen: Tausende würden dem Tode fürs Vaterland als ihrer Bestimmung entgegensehen, dem sie jetzt in dumpfer Fühllosigkeit, aus Zwang, sich unterwerfen: Das Vaterland selbst würde nicht mehr erröthen dürfen, die Namen seiner Vertheidiger aufzubewahren, wenn diese nur erst würdig wären, ein Vaterland zu haben.

Ueber Politik.

Klugheit in der Wahl der Mittel zur Beförderung der innern und äussern Glückseligkeit des Staats ist Politik. Wahre Politik muß auf Moral gebaut seyn, denn ohne diese giebt es keine wahre Glückseligkeit.

Wahre Politik räth nicht zur Erweiterung der Herrschaft: denn es ist gewiß, daß die extensive Gröse der Staaten nur Ausdehnung, die intensive aber Dauer und Festigkeit giebt.—

Sie räth nicht zu einer allgemeinen Gleichheit der Stände: der Fürst würde sonst zu isolirt stehen, und niemand würd' ihn hindern, wenn es ihm einfallen sollte, den Despoten zu spielen.

Sie heißt, das Räderwerk der Regierung so sehr vereinfachen, als möglich, weil eine zusammengesetzte Maschine leichter stockt, und schwerer durchschaut wird; weil ihre Theile nicht rasch genug ineinander greifen, und das Ganze einen zu langsamen Gang geht.

Sie fordert nur wenig Gesetze, aber destomehr allgemeinen moralischen Sinn. — Jene gleichen den Arzneien, die nur für Kranke taugen; dieser der Diätetik, welche die Gesunden gesund erhält.

Wahre Politik ist ferne von Despotismus, denn sie hat das wahre Glück der Völker im Auge: Unterdrückung macht sklavisch, und Sklaverei indolent und unthätig.

Sie kennt keine Religion, als die Ausübung einer vernünftigen Sittenlehre, und keinen Katechismus, als den die Natur in jedes Menschenherz geschrieben hat.

Sie erhält das Volk nicht in Wahn und Dumpfheit des Geistes, denn nur ein aufgeklärtes Volk fühlt ganz den Werth der bürgerlichen Verhältnisse.

Verträge sind ihr heilig, auch wenn sie Uebermacht genug hat, dieselben zu brechen — ihr Grundpfeiler ist Gerechtigkeit.

Sie saugt nicht das Land aus, denn sie weis, daß der Stamm verdorren muß, dessen Wurzeln aufgetrocknet sind.

Sie hüllt ihre Grundsätze in keinen undurchdringlichen Nimbus, weil sie das Licht nicht zu scheuen braucht, und weil sie gerne dem Unterthan Rechenschaft giebt von ihrem Verhalten.

Sie verdrängt den nützlichen Bürger nicht, weil er den Schöpfer in keinem Tempel von Menschenhänden gemacht, anbetet, und schlägt den Weisen nicht in Fesseln, weil er die Wahrheit zu laut verkündigte.

Sie duldet keinen Staat in dem Staate, und trennt den Zweck der Religion nicht von dem der bürgerlichen Verfassung.

Verdienst ehrt und belohnt sie, wenn es auch im Linnenkittel verborgen ist, und straft das Verbrechen, ohne daß Band und Stern oder Anspruch auf ererbte Verdienste es schützen können.

Dies ist die wahre Politik, die unmittelbar darauf hinarbeitet, durch leichte, einfache Mittel den grosen Zweck der bürgerlichen Glückseligkeit zu erreichen.

Ueber politische Toleranz.

Es giebt in der bürgerlichen Gesellschaft gewisse Gebrechen, die eine weise Regierung schonen muß, weil ihre Hinwegräumung ein größres Uebel veranlassen würde, und hierin zeigt sich die **politische Duldung**.

Der Sittenlosigkeit kann nicht immer unmittelbar gesteuert werden, weil sonst die Sicherheit und Ruhe des häuslichen Lebens darunter leiden würde.

Es sollte einer weisen Regierung viel daran gelegen seyn, den Sinn für Familienglück zu verbreiten, denn eben dadurch wird die Pflege der geselligen Tugenden begünstiget: aber wie ist dies möglich, wenn jede Handlung, jede Empfindung belauscht, und oft zum Gespötte der Menge hervorgezogen wird? Wer kann die Treue des Weibes schützen gegen Verführung, wenn dem Wüstling jeder andre Weg abgeschnitten wird, seine thierischen Triebe zu befriedigen?

Gesetzgeber, ihr thut nichts, wenn ihr nicht gute Sitten einführt! Ihr könnt die Unschuld gegen Gewalt schützen, aber Verführung ist die stärkste Gewalt, und gegen die besteht kein Gesetz!

Man gönne dem Troß, der seine Kräfte verschwelgt in den Armen niedriger Bulerinnen, gleichwol diese traurige Freiheit; Zwang wird sie nicht tugendhaft machen, und das Laster, das im Finstern schleicht, ist um so schrecklicher in seinen Wirkungen, da man ihm nicht entgegen arbeiten kann.

Eine andre Art von politischer Toleranz ist es, welche streifende Horden aufnimmt in die bürgerlichen Verhältnisse, und dem Vagabunden Heerd und Vaterland giebt. Und warum sollte man dies nicht? Durch ihren Fleis blühen oft die den Steppen eines Landes auf, und ihre Fehler vermindern sich in dem Maaſe, als ſie arbeitſam und nützlich werden. So wuchs einſt Rom, von Nomaden bevölkert, und die Beherrſcher der Welt, die Horatier und Scipionen, die Cornelien und Porcien waren Enkel von Räubern und Landſtreichern. Ein wildes Volk läßt ſich durch Weisheit lenken, und hier wird das Vorurtheil oft ein ehrwürdiges Werkzeug. Der weiſe Numa führte auf dieſe Art Religion und Sitten unter einem rohen Haufen ein, und wenn ihm gleich die Himmelstochter Egeria nicht wirklich erſchienen war, ſo wirkte doch der Glaube Zutrauen, und gab ſeinen Vorſchriften Wirkſamkeit.

Duldung iſt in der moraliſchen, wie in der phyſiſchen Welt nothwendig, nur muß die Duldung nicht ſo weit gehen, daß ſie erlaubt, Schierling zu pflanzen ſtatt geſunder Früchte. Wahrheit und Tugend verbreiten sich nicht so schnell und ungehindert, wie die Lichtstrahlen. Sie müssen vorbereitet werden. Ein Garten, der Blumen tragen soll, muß erst gereinigt werden von seinen Dorngesträuchen, und oft kann man dem verwilderten Stamm selbst gesunde Schößlinge einpropfen. Weisheit heißt Vorurtheile zernichten, Weisheit heißt sie dulden, je nachdem es die Umstände fordern. Das geringe Uebel wird unter ihren Händen zur Wohlthat, weil es Gelegenheit zum höheren Guten giebt.

Ueber die Erziehung meiner Kinder.

Fürstenkinder, sagen Einige, sollten nicht bei Hofe erzogen werden, weil in der Hofluft die Keime guter Empfindungen verdorren, weil sie da zu früh an Pracht und Ueppigkeit gewöhnt, zu wenig bekannt werden mit dem menschlichen Elende.

Etwas wahres liegt hierin allerdings!

Die Entfernung von den Lastern und Thorheiten der großen Welt wäre wohl am füglichsten für die ersten Jahre der Kindheit zu empfehlen, wo der Mensch die ersten Eindrücke von den ihn umgebenden Gegenständen unwillkührlich aufnimmt, wo sich seine ersten Gefühle zu entwickeln anfangen, und wo seine Kräfte überhaupt ihre erste Richtung erhalten: denn es ist ausgemacht, daß die Gegenstände, die das Kind umringen, den stärkste Einfluß auf seine Bildung haben.

Diese Entfernung hat auch für den aufwachsenden Knaben und Jüngling noch manche andre Vortheile. Schon der Knabe gehorcht ungern, wenn er weis, daß er einstens zu befehlen haben wird; er versagt sich ungern, wenn er sieht, wie rasch Tausende neben ihm zum Genusse eilen, er bequemt sich ungern nach Lehren und Grundsätzen, da sich immer Menschen finden, die seinen Neigungen und Launen schmeicheln.

Es ist um die ganze Bildung des Knaben und Jünglings gethan, wenn er die Aufmerksamkeit auf sich selbst verliert: und muß er das nicht da, wo tausend abwechselnde Gegenstände ihn anziehen, und seine Seele betäuben?

Wer nicht gewandelt hat unter Menschen, nicht in der Nähe beobachtet hat ihr Treiben und Thun, wie will der die Menschen kennen? Und wer sollte bekannter mit ihnen seyn, als derjenige, der gesezt ist, einst über sie zu herrschen?

Nur selten haben Fürsten ein Herz für die Leiden der Menschen, weil sie diese nicht kennen, weil sie nie die Thränen eines Unglücklichen fliessen sehen. Sie verschwenden die Einkünfte des Landes, und drücken ihr Volk mit Abgaben, weil sie nicht wissen, wie schwer es dem Landsmann wird, sein Feld zu bestellen, und dem Handwerker, seinen kümmerlichen Erwerb zu finden. — Wie gut ist es daher, wenn Fürstenkinder schon früh vertraut werden mit dem menschlichen Elende, wenn sie es aufsuchen unter seinen verschiednen Gestalten, in der Dorfshütte, und in der Wohnung des Städters; wenn sie früh das seelige Vergnügen kennen lernen, wohlzuthun, und das Lächeln der Freude auf erblaßte Wangen zurück zurufen! Wie gut, wenn man sie selbst die Bedürfnisse empfinden läßt, zu deren Befriedigung Millionen ihr ganzes Leben verwenden; wenn sie die Plagen des Hungers, des Durstes, der Hitze, der Kälte, wenn sie so manche andre Mühseeligkeit des Lebens an sich erdulden müssen!

Dies machte Peter den Großen zum großen Mann! Er riß sich los aus dem Getümmel des Hofes, vergaß der gewohnten Ueppigkeit und Pracht, vergaß, daß er bestimmt war zum Herrscher eines großen Reichs, half mit eigner Hand Schiffe zimmern, führte den Pflug, und nahm vorlieb mit dem kärglichen Male des Soldaten und des Landmanns. So gab er seinem Körper und seinem Geist Stärke, lernte Ungemächlichkeiten ertragen, lernte menschlich fühlen, weil er selbst Mensch gewesen war.

Doch ungeachtet dieser wichtigen Vortheile, welche eine solche Erziehung für Fürstenkinder nothwendig haben muß, möcht' es eben so schädlich seyn, sie immer in der Entferuung von den Höfen zu halten.

Der ungewohnte Glanz würde zu starke und nachtheilige Eindrücke auf sie machen, wenn sie nun auf einmal in die höhere Region versetzt würden. Wer der reinen, dünnen Luft auf den hohen Bergspitzen nicht gewohnt ist, kann daselbst nicht ausdauren. Das Neue reißt hin, man klebt nur an seiner Aussenseite; und zu starkes Licht auf Dunkelheit ist allemal schädlich.

Wie soll sich der junge Fürst in Sitten finden, die ihm bis jetzt fremd waren? wie soll er sich an Konventionen gewöhnen, die mit seiner bessern Ueberzeugung im Widerspruche stehen? Der Fürst darf, nur zu oft, nicht Mensch seyn, und der Fürst, der so lange nichts war, als Mensch, wird der nicht unterliegen in der Prüfung? Er muß sich so manche unschuldige Freude des Lebens versagen; die Seeligkeiten der Freundschaft und der Liebe sind nur selten sein Antheil: und wie wird er diesen süssen Empfindungen seine Seele mit einem verschliessen können, wenn er sich ihnen in den Jahren der ersten, raschen Gefühle überlassen hat?

Das Resultat dieser Betrachtungen wäre also — Fürstenkinder müssen fern genug von Höfen erzogen werden, um nicht angesteckt zu werden von ihren Thorheiten und Lastern; aber nicht zu fern, um nicht unbekannt zu bleiben mit Verhältnissen, in die sie sich einst fügen müssen. Vor allem ist ihnen ein Führer nöthig, der die Welt und die Menschen kennt, der sich zu sehr fühlt, um ihren Leidenschaften und Launen zu schmeicheln der die Größe ihrer Bestimmung kennt und Menschenglück am Herzen trägt; dem Meynungen nicht für Grundsätze gelten, der Konventionen und Gewohnheiten verehrt, aber nicht auf Kosten der Wahrheit und Tugend; der im Gewühle der Welt gelebt hat, ohne die reine Stimmung seines Herzens, ohne die Festigkeit seines Karakters zu verlieren — ein Mann, der würdig wäre, Herrscher zu seyn, denn nur ein solcher ist würdig Herrscher zu bilden.

Die Forderungen sind groß, die an Fürstenerzieher gemacht werden, aber noch giebt es Menschen, die sie zu erfüllen vermögen; noch giebt es Fürsten, die Muth genug haben, solche aufzusuchen unter der Menge, wo sie meistens — zurückgezogen von dem Prunke der Welt — sich selber leben.

Ueber die Freude des Lebens.

Geniessen und entbehren — ist die große Maxime, ohne deren Befolgung dem Sterblichen kein daurendes Glück vergönnet ist. Nicht alle Freuden des Lebens sind für alle Menschen; wer diese geniessen will, muß auf jene verzicht thun. In den Armen der Wollust verliert sich das süsse Bewußtseyn der Unschuld, und an der schwelgerischen Tafel wandelt sich das angenehme Gefühl der Gesundheit in Unmuth und Verdrossenheit. Wer sich niedrigen Ausschweifungen überläßt, verstimmt sich für die reinern Vergnügungen des Geistes!

Fürsten müssen sich manches entsagen, aber auch Entsagen ist schon Seeligkeit, denn es giebt Bewußtseyn innrer Kraft.

Und bei diesem Entsagen — wie groß ist unser Gewinn? Dafür, daß wir mäßig und nüchtern leben, daß wir unsre Stunden verwenden zum Wohl von Menschen, dafür wird uns ein Theil der Wonne, die nur dem Schöpfer vergönnet ist: wir verschönern Gottes Schöpfung, wir geben dem Menschen das Daseyn zweifach, indem wir ihm den Genuß desselben sichern — unsre Wirksamkeit umfaßt beinahe mehr, als endliche Schranken, unsre Freude strahlt wieder in den Augen von Millionen, unser Lob tönt von ihren Lippen — eine kleine Welt dreht sich um uns, und dankt uns ihre Erhaltung.

Wen diese Vorstellung nicht begeistert, wessen Nerv sie nicht spannt zu großen Thaten, der verdient nicht, auf einem Throne zu sitzen.

Und doch, wie manche Fürsten vergessen ihrer Bestimmung, geben um niedrige Vergnügungen ihren Ruhm, das Glück ihres Volkes hin, darben zuletzt im Ueberflusse, wollen über Nationen gebiethen, und huldigen selbst den Launen einer Maitresse oder eines Günstlings, lassen sich geduldig mit den Sünden ihrer Minister bepacken, und vermissen überall das Vergnügen, weil sie sich selbst vermissen.

Die Beherrscher der Menschen sollten keine Menschen, oder wenigstens große Menschen seyn!

Weg mit Vergnügungen, die ich durch höhere Aufopferungen, die ich mit der Ruhe meines Lebens, mit den Thränen meiner Unterthanen, mit meiner Schande bei der Nachwelt bezahlen muß. So theuer kauft ein Weiser nicht, was vorübergehend ist. Es ist unsinnig, sein ganzes Vermögen für ein paar Blumen hinzugeben, die einige Tage blühen, und welken, indem sie gebrochen werden. Und ist dies nicht der Fall mit den meisten Freuden des Lebens?

Auch auf die reinern Freuden müssen Fürsten oft verzicht thun. Nur selten ist

Familienglück ihr Loos, selten finden sie — einen Freund. Aber wenn keine Gattin den guten Fürsten liebt, so liebt ihn sein Volk; wenn kein Freund weint in seinen Kummer, so weinen dankbare Unterthanen; wenn er wacht in einsamen Nächten, so erquickt ihn der Gedanke, daß Millionen sicher des Schlafs geniessen durch ihn!

Er kann die Freuden des Wohlthuns im höchsten Maaße empfinden, er kann die Unschuld schützen gegen Unterdrückung, kann Wahrheit verbreiten durch nützliche Anstalten, kann täglich die Thränen von Tausenden troknen, denn er hat die Mittel hierzu in seiner Hand.

Auch für ihn entfaltet die Natur ihre Schönheiten! Zwar haben Fürsten selten Sinn für Natur und Einfalt, weil ihre Herzen selten rein und unverstimmt genug sind! Aber der gute Fürst findet hier eine Quelle von Vergnügen.

Noch mehr — er kann die Natur mit
der Kunst vermählen, kann die Sandwüste
zum Garten umwandeln, und sich da
freuen seiner Schöpfung.

Für ihn sind die Werke der Kunst!
Er kann seinen Geist sammeln bei Hän¬
dels Harmonien, und sein Herz erwär¬
men unter den erhabenen Menschengestalten
eines Raphael und Correggio.

Wenn so manche Große arm sind bei
ihrem Ueberflusse, so ist es ihre Schuld.
Nur der ist arm, der nicht zu genießen und
zu entbehren versteht.

Fromme Wünsche.

Möcht' ich nie vergessen, warum ich da bin, und das jeder Augenblick meines Lebens geweiht ist zur Beförderung von Menschenglück.

Möchten nie böse Rathgeber meinem Throne sich nahen, und meinen guten Willen durch Arglist täuschen!

Möchten immer Männer um mich seyn, die Muth genug hätten, mir Wahrheit zu sagen, die nicht sich, nicht mir, sondern meinen Unterthanen dienten.

Möchte keine Ungerechtigkeit mir unentdeckt, kein Verbrechen ungeahndet bleiben.

Möchten meine Richter immer Menschen, meine Priester immer Väter ihres Volkes seyn.

Möge nie ein Gesetz mich selbst anklagen, nie ein Unterthan sein zernichtes Glück von meiner Hand fordern.

Mögen Licht und Aufklärung sich in meinen Staaten vorbereiten, nie ein Weiser gedrückt werden um der Wahrheit willen, die er in seinen Schriften verkündigte.

Möchten Eigennuß und Aberglaube sich mir nie in der Maske der Religion oder Staatspolitik nahen, und noch weniger durch vorgespiegelte Gründe mich in meiner bessern Ueberzeugung irre machen.

Möchte das Verdienst nie unter mir verkennt und das schädliche Vorurtheil allgemein vernichtet werden, daß man durch Herabwürdigung fremder Größe sich selbst erheben könne und müsse.

Möchte Barbarei so fern von meinem Lande seyn als verfeinerte Sinnlichkeit: Möchten Fleiß und Künste blühen, ohne Luxus und Ueppigkeit.

Möchte Bürgerglück mit der Staatsklugheit Hand in Hand gehen, und das Interesse des Unterthans und des Monarchen nie getrennt werden!

Möchte die Vaterlandsliebe nie in dem Herzen meines Volkes verlöschen.

Möchten die Fürsten, die nach mir folgen, stets werth seyn ihrer Unterthanen, die Unterthanen werth ihrer Fürsten!

Möchte Friedrichs Geist immer auf meinem Lande ruhen, und wirksam seyn in unsern Gesetzen.

Bei Lesung der vaterländischen Geschichte.

Keine Geschichte giebt ein so auffallendes Beispiel von dem, was der Mensch vermag, als die Geschichte meines Vaterlandes. Die Abkömmlinge eines kleinen Fürstenhauses stehen jetzt in der Reihe der ersten Monarchen der Erde; ein kleines unfruchtbares Land, das einst Tausende nur kärglich nährte, giebt jetzt Millionen ihren Unterhalt. Noch mehr — Friedrich kämpfte sieben Jahre lang gegen die Uebermacht eines ganzen Welttheils, ohne seine Unterthanen zu drücken. Künste und Wissenschaften blühten ungehindert, er kehrte zurück mit Lorbeeren geschmückt, und hinterlies ein wohlhabendes Volk und einen reichen Schatz für die Bedürfnisse des Staats. Und in einem kurzen Zeitraum stieg Preussen zu dieser Höhe, ohne innere Ueberspannung, ohne eine allgemeine Erschlaffung befürchten zu müssen.

Es ist der Mühe werth, die Ursachen hievon aufzusuchen; denn durch eben die Mittel, wodurch das Land stieg, muß es auch erhalten werden auf seiner Stufe.

Ohne die helle, aufgeklärte Denkungsart meiner Vorfahren wäre mein Vaterland unstreitig noch, was es vor hundert Jahren war — eine öde Sandwüste, von der Natur verwahrloßt, von dem Fleiße verlassen. Als Frankreich seine besten

Bürger um des Glaubens willen verbannte, da empfing sie mein großer Ahnherr mit offnen Armen; er gab ihnen Freiheit des Eigenthums und — was hierunter vorzüglich gehört — Freiheit des Gewissens, und unter dem mildern Einflüße der Freiheit verschönerte sich das Land, es regten sich die Kräfte, deren Wirksamkeit nicht gehemmt wurde, und alles kam zum Blühen und Gedeihen.

Aufklärung pflanzte also den Keim zu Borussiens Größe, und Freiheit brachte die Frucht zum Wachsthum und zur Reife.

Ganz Deutschland trug noch die Fessel der symbolischen Bücher und der römischen Hierarchie, als Friedrich II. den Thron bestieg, noch waren dem deutschen Geiste die Flügel gebunden. — Er gab Gedankenfreiheit, und das ungestalte Chaos formte sich zum schönen Garten, die Wahrheit sprach lauter, und brachte ihre wohlthätigen Lehren ungehindert in Umlauf, milder wurden die Sitten; veredelt die Karaktere durch richtige Grundsätze. Die Grazien besuchten zum erstenmale das Land, das einst rauh und verwildert jeden abschrecken mußte, dem es nicht Vaterland war; sie kamen an der Hand der Freude, und machten die Bewohner mit den schönern Vergnügungen des Lebens bekannt.

Eine große Lehre für Könige!

Am Bußtage.

Könige haben keinen Richter, als ihr Gewissen — und die Geschichte. Niemand fordert sie zur Rechenschaft, wenn sie eine Unschuld in den Staub treten, wenn sie die Wahrheit unterdrücken, wenn sie ihr Volk elend machen, wenn sie Tausende morden auf dem Schlachtfelde. Hofschranzen nennen diese Handlungen noch obendrein Tugend und gedungene Schmeichler preisen ihre Güte und Weisheit in Lobgedichten; aber die Stimme des Volks macht nur zu oft den Panegyr — zur Satire.

Von jenen Richtern ist der eine bestechlich: — das Gewissen läßt sich einwiegen durch Zerstreuung und Sophismen; nicht so die Geschichte. Diese ist unbestechlich! Sie reißt den Schleier von Handlungen und stellt sie nackt und unverhüllt dem Auge der Nachwelt dar. Sie läßt sich nicht täuschen, durch das Gepräge, welches Könige ihren Thaten, wie ihren Münzen ausdrücken, sondern prüft den innern Gehalt. Sie stellt den frommen Ludwig in die Reihe schwacher Frömmlinge, und den schwedischen Karl neben die Donquischotten Eroberer. Sie lächelt über den Beinamen, des Großen, den die Eitelkeit der französischen Schriftsteller unter das Bild ihres vierzehnten Louis schrieb, und straft Voltairs Lobrede Lügen. Sie rettete Julians Ehre gegen die Schmähungen der Glaubensschwärmer, und sie wird einst mich retten gegen die Anklagen der Lästerung, wenn ich fortgehe auf der Bahn, die meine Anherrn mir vorgewandelt sind.

Heute werfen sich Tausende in den Staub, um ihrem Schöpfer Rechenschaft zu geben von ihren Handlungen: diese Rechenschaft will ich mir selbst ablegen; die innre Stimme, die in mir spricht, gilt für Gottes Stimme; sie gielt für die Stimme der Nachwelt. Was ich vor mir selbst verantworten kann, das kann ich auch vor dem Richterstuhle des Ewigen und bei der Nachwelt. Zwar hat die Nachwelt mehr Zeugnisse vor sich: gewisse Folgen unsrer Handlungen zeigen sich erst, wenn wir lange nicht mehr sind; aber mir können doch nur die Folgen zugerechnet werden, die in meiner Absicht lagen, und gute Handlungen sind es auch in ihren Folgen. Ich brauche also nur Gut zu seyn, und mein Urtheil ist gesprochen für immer, ich erwerbe mir dadurch innere Beruhigung, und einen sichern Anspruch auf eine Stelle unter den guten Fürsten in der Geschichte.

Der gute Mensch ist der beßre Fürst: selbst Größe ist nichts ohne Güte.

Güte strebt glücklich zu machen, und bereitet sich dadurch eigne Glückseeligkeit — hierin liegt der ganze Beruf des Fürsten.

Güte kann ausarten, kann Schwäche werden, aber auch dann zerstöhrt sie wenigstens nicht, und ist noch immer verehrungswürdiger, als kalter Eigennutz.

Ich habe mich von jeher bestrebt gütig zu seyn, und Menschenglück zu befördern: ich will es auch für die Zukunft. Dies ist meine Bestimmung! Ich bin Vater meiner Unterthanen, wie der Schöpfer Vater seiner Geschöpfe ist. — Er ist gütig gegen alle, sorgt für den Wurm und den Grashalm, und schaft Leben selbst in die Zerstöhrung. Er sey mein Vorbild! Ich will gütig seyn, auch da wo ich gerecht seyn muß: Güte beschränkt durch Weisheit ist ja Gerechtigkeit.

Zwar ich bin Mensch: Temperament und Leidenschaft können mich hinreissen, können mich vergessen machen meines großen Zwecks, aber ich habe ja Weise um mich, deren Rath, deren warnender Zuruf mich aufrecht halten wird in Augenblicken der

Schwäche. Ich habe einen Richter meiner Handlungen in mir selbst. Ich will mich vertrant machen mit dem großen Gedanken, daß es Richter über Könige giebt, die unbestechlich sind — Gott und die Nachwelt.

Rückblick auf das vergangene Leben.

Die Hälfte meines Tagewerks ist vollbracht! Nur einen kleinen Theil meines Lebens konnt' ich bis jezt dem Vaterlande weihen: diesen zu übersehen, zu berechnen was ich gethan und nicht gethan habe, ist gewissermaßen Pflicht. Ich will diese Rechenschaft jezt vor mir selbst ablegen, wie ich sie einst vor der Nachwelt und vor dem Richter über Könige ablegen muß.

Groß waren die Erwartungen, die ich erfüllen mußte bei einem Volke, über das

Friedrich II. geherrscht hatte, auf dem sein Geist ruht: ich habe die Vertrauten seines Herzens zu Führern gewählt, und in welche Hände konnt' ich sicherer das Glück meiner Unterthanen geben?

Ich habe die ersten und heiligsten Vorrechte der Menschheit — Denk‑ und Preßfreiheit meinen Unterthanen zu erhalten gesucht. Sie sind es, durch die der preußische Staat zu der intensiven Stärke gelangte, die ihn den ersten Mächten Europens gleich stellt, sie sind es, die seine Bürger auf eine Stufe der Geisteskultur erhoben, die ausser den Griechen in den schönen Tagen der Periklesse und Aspasien, kein Volk des Erobodens je erstieg; sie sind es, die unsrer politischen Wirksamkeit bis jezt so viel Gewicht und Eindruck verschaften.

Das Religions und Censuredikt sind sprechende Beweise hievon.

Ich habe der Republik Holland durch geschwinde und nachdrückliche Entschliessungen die verlohrne Freiheit und Einigkeit wieder geschenkt — sie gerettet von ihrem Untergange. Eine wohlthätige Folge dieser Revolution ist die Wiederherstellung eines großen Systems des politischen Gleichgewichts welches mit dem von Europa, so wesentlich und nothwendig zusammenhängt, und durch ein dreifaches Bündniß befestigt ward.

Ich habe dem deutschen Bunde, dem schönsten und lezten Denkmale Friedrich II. wodurch Deutschlands Freiheit gesichert ward, mehr Festigkeit gegeben, habe enger gezogen dieses Band das die ganze europäische Verfassung umschlingt.

Ich habe der stockenden Maschine des Reichstags die Thätigkeit wieder verliehen, wodurch er für das deutsche Reich so wohlthätig und einzig ist.

Ich habe mich losgerissen aus dem Prunke des Hofs, meine Provinzen selbst zu sehen, mich zuunterrichten von ihrem Zustande, und Fleiß und Industrie zu befördern. Ich habe beträchtliche Summen hingegeben, um die Arbeitsamkeit zu unterstützen, und das Land zu verschönern.

Ich habe für die Verbesserung der Erziehung gesorgt, weil die Beförderung der moralischen und äussern Kultur hier anfangen muß.

Die Justizverfassung kömmt ihrer Vollkommenheit immer näher, und es ist wohl kein Staat, wo der Unterthan sicherer wäre im Genuße seines Eigenthums, als der meinige; wo die Gesetze weiser, und bestimmter wären, und mit einer vernünftigen Freiheit harmonischer zusammenstimmten.

Auch das Vergnügen meines Volks lag mir am Herzen. Ich habe zur Verbreitung des Geschmacks der deutschen Schauspielkunst einen Tempel errichtet, habe dem Künstler Vaterland und Heerd gegeben, habe Gegenden verschönern lassen, und noch manches andre für das allgemeine Vergnügen gethan.

Die glücklichen Folgen hievon zeigen sich täglich mehr. Die Auswandrungen hören auf, Fleiß und Handel blühen, der Landmann bestellet sein Feld, und genießt die Früchte seines Schweißes; öde Ländereien werden angebaut, und Europa sieht mit Neid und Bewunderung auf ein Land hin, das sich immer mehr erhebt durch innre Kraft, und der Geschichte das schönste Beispiel zeigt, was Aufklärung vermag.

Die Fürsten sind Menschen, und auch ihnen begegnet hier und da etwas menschliches. Es wird immer Lücken und Mängel in ihren besten Einrichtungen geben, ihre bestgemeinten Absichten können nicht immer die besten Folgen haben. Doch ist es genug zu unsrer Rechtfertigung, wenn es uns nicht an Willen und Thätigkeit fehlte, wenn wir Umstände und Verhältnisse nüzten, wie wir konnten, einzelne Fehler duldeten um des größern Guten willen, und nur die Summe der Menschenglückseeligkeit im Ganzen vermehrten. Einzelne Lücken finden sich ja selbst in der Schöpfung: aber wer das Ganze durchschaut, fühlt sich demohngeachtet gezwungen, auszurufen:

Es ist alles gut!

Innhalt.

	Seite
Ueber meine Bestimmung.	1
Am Sterbetag Friedrich des II.	5
Am Tage der Thronbesteigung.	9
Bei Gelegenheit des Religionsedicts.	12
Bei Herausgabe des Censuredicts.	22
Bei den Gräbern meiner Vorfahren.	28
Beim Anblicke der Natur.	35
Am Stiftungstage des deutschen Bundes.	40
Bei Gelegenheit einiger Entwürfe zur Schulverbesserung.	45
Bei einer Reise in die Provinzen.	53
Bei Gelegenheit der Holländischen Unruhen	58
Bei der Wahl eines Ministers.	68
Bei Unterzeichnung eines Todesurtheils	74
Am Morgen.	82
Am Abend.	85
Vor der Tafel.	87
Bei Gelegenheit der geheimen Briefe, der Briefe von Mirabeau.	90
Bei Gelegenheit des einreissenden Luxus	94
Betrachtungen über Aufklärung.	99
Bei Besuchung des öffentlichen Gottesdienstes.	105

Bei Gelegenheit der Verschönerung einiger Gegenden.	113
Betrachtungen über den Krieg.	116
Bei Vertheilung einiger Geldsummen in die Provinzen.	122
Ueber Günstlinge.	126
Bei der Revüe.	131
Ueber Politik.	135
Ueber politische Toleranz.	139
Ueber die Erziehung meiner Kinder.	143
Ueber die Freuden des Lebens.	150
Fromme Wünsche.	155
Bei Lesung der vaterländischen Geschichte	157
Am Bußtage.	161
Rückblick auf das vergangene Leben.	165

www.ingramcontent.com/pod-product-compliance
Lightning Source LLC
Chambersburg PA
CBHW031447160426
43195CB00010BB/890